KB210942

하나님께서 열어주신 계시록 핵심정리

요한 계시록 핵심

하늘빛출판사

하나님께서 열어주신 계시록 핵심정리

요한 계시록 핵심

서사라 지음

추천사

예장 대신교단 증경총회장
구문회 목사

"내가 달려갈 길과 주 예수께 받은 사명 곧 하나님의 은혜의 복음
을 증언하는 일을 마치려함에는 나의 생명조차 조금도 귀한 것으
로 여기지 아니하노라"(행 20:24)

서사라 목사님은 의사요, 과학자로서 첨단지식과 엘리트의 위치
에서 최고급 직장생활을 미국에서 하시면서 세계적으로 랭킹 50
위 안에 들어가는 논문을 여러편 많이 쓰시고 노벨 의학상을 받는
목표로 집중 공부와 연구를 하셨습니다. 그러나 하나님은 세상적
인 열심을 주님의 일을 하는 열심히 바꾸어 놓으셨습니다.
그래서 다 내려놓으시고 기도원에 들어가셔서 10개월 동안 집중
기도를 하시고 탈벗 신학대학교에서 신학공부를 하시고 미국교단
Christian Churches (Disciples) d에서 목사 안수를 받으셨으며 현재
는 미국의 'LA 주님의 사랑교회'를 담임하고 계시며 '주님의 사랑
세계선교센터장' 일을 감당하고 계시면서 인도와 케냐, 나이지리
아, 우간다 그리고 벨리제 등…. 세계선교에 열중하고 계시면서 한
국에는 1년에 두 번 정도 오셔서 2-3개월 동안 여러 교회들에서 바
른 복음을 전하여 한국교회를 깨우고 계십니다. 또한 앞으로 장로

교단과 감리교단에서 연합집회를 약속하고 준비 중에 있는 것으로 압니다.

그리고 서사라 목사님은 하루 5-6시간씩 기도하여 깊은 기도에 들어가시면 영이 맑고 깨끗할 때 주님께서 목사님을 천국과 지옥으로 데려가시는 체험을 많이 하셔서 현재까지 책을 7권을 쓰셨습니다.

이번에 나오는 이 책은 요한 계시록 이해편의 후속으로 출판합니다. 서사라 목사님의 7권의 책들에는 지옥에서 많은 크리스천들을 보셨다는 충격적인 간증도 있고 그리고 천국에서 성경에 기록된 여러 믿음의 선진들을 만나서 성경에 기록된 내용과 일치한 말씀들을 직접 듣고 배우셨다고 합니다.

그중에 특별히 서사라 목사님은 천국에서 사도 요한을 만나 요한 계시록에 대하여 풀리지 않는 것들을 주님과 사도 요한에게 배우셨다고 합니다.
수많은 요한 계시록 주석이나 강해집들이 있지만 서사라 목사님이 천국에서 주님과 그리고 요한 계시록의 저자 사도 요한을 만나서 직접 보고 듣고 배워서 기록한 요한 계시록 이해책의 요약편을 출판하게 되어서 정말 기쁘게 생각합니다.
속히 이 책이 출판되어서 많은 목사님들과 성도들이 읽고 마지막 때를 알고 준비하는 좋은 책이 되기를 바라며 환란시대에 많은 영혼들이 구원받는 열매가 맺혀지기를 소원합니다.

"그러나 나의 나된 것은 하나님의 은혜로 된 것이니 내게 주신 그의 은혜가 헛되지 아니하여 내가 모든 사도보다 더 많이 수고하였으나 내가 한 것이 아니요 오직 나와 함께 하신 하나님의 은혜로라"(고전 15:10)

겸손하고 꾸밈없이 오직 주님의 일에 전념하시는 서사라 목사님이 쓰신 '계시록 이해'책의 요약편, 즉 '요한 계시록 핵심'을 온 마음으로 추천합니다.

매류 감리교회 원로목사
권오준 목사

"주 하나님이 이르시되 나는 알파와 오메가라 이제도 있고 전에도 있었고 장차올 자요 전능한 자라 하시더라" (계 1:8)

하나님이 통치하시는 시대를 보면 양심시대, 언약시대, 율법시대, 은혜시대, 환난시대로 구분할 수 있는데 지금은 환난시대이며 계시록 시대라고 보아야 합니다.
이제는 요한 계시록을 활짝 열어서 전해야 하는 시대입니다.
많은 분들이 요한 계시록을 잘못 전하거나 아예 전하지 않는 분들도 있습니다.

"충성되고 지혜 있는 종이 되어 주인에게 그 집 사람들을 맡아 때를 따라 양식을 나눠줄 자가 누구냐 주인이 올 때에 그 종이 이렇게 하는 것을 보면 그 종이 복이 있으리라" (마 24:45-46)

지금은 마지막 때이므로 요한 계시록을 잘 전해서 많은 사람들을 구원의 길로 인도해야 하는 중요한 시대입니다. 이런 중요한 때에 하나님께서 서사라 목사님을 택하셔서 바른 복음을 전하게 하심을 주님께 감사와 영광을 돌립니다.

서사라 목사님은 세상적으로 의사이시고 과학자이시나 하나님께서 세상에서 쌓은 바벨탑을 다 내려놓게 하시고 신학공부를 하게 하셨습니다. 그래서 주님의 일에만 온전히 그 인생을 바치게 하셔서 지금 여러 나라에 선교를 감당하며 복음을 전하고 있습니다.

서 목사님이 천국에서 주님과 사도 요한을 만나서 직접 배우신 요한 계시록을 핵심 정리한 이 책을 출판하게 되어 정말 기쁘게 생각합니다.

이 책이 여러 나라 말로 번역되어져서 기독교인들의 가정들에 필수적으로 비치되어지고 읽혀져서 이 환난시대에 모두가 다 하나님의 인을 맞고 영육구원을 이루어 첫째부활에 참여하는 복을 받기를 소원합니다.

"첫째 부활에 참여하는 자들은 복이 있고 거룩하도다. 둘째 사망이 그들을 다스리는 권세가 없고 도리어 그들이 하나님과 그리스도의 제사장이 되어 천년동안 그리스도와 더불어 왕노릇하리라"
(계 20:6)

이 책을 읽는 자마다 위의 모든 말씀이 다 이루어지기를 소망하며 강력히 이 책을 추천합니다.

벧엘교회 목사
송기두 목사

본서 '요한 계시록 핵심'책은 서사라 목사님이 과학자로서의 지식이나 상아탑에서 나온 것이 아니라, 하나님의 은혜로 주님의 심장을 가지고 꿇었던 무릎과 영혼 구원하려는 눈물의 기도에서 나온 사랑의 결정체라고 말하고 싶습니다.

우리 주변에는 요한 계시록에 대한 세미나가 많습니다. 그런데 많은 목회자들이 요한 계시록 세미나를 다녀와서 강사들마다 다른 해석으로 인해서 오히려 더 혼란스럽다고 말합니다. 이렇게 영적으로 혼탁한 시대에 서사라 목사님이 쓴 "요한 계시록 핵심"책은 계시록의 의문점들을 단번에 해결해주는 시원한 청량음료와 같은 책이라고 할 수 있습니다.

요한 계시록에는 이기는 삶을 사는 자들만이 세마포 옷을 입고 새 하늘과 새 땅에 있는 새 예루살렘 성안에 들어가서 생명나무 열매와 생명수를 값없이 마시게 된다고 말씀하고 있습니다.

그러므로 그리스도인들은 예수 안에서 이기는 자의 삶을 살아야 합니다. 그래야 주님 오시는 날 어린양의 신부가 되어서 영원한 나라에 입성하게 됩니다. 우리가 분명히 알아야 할 것은 이기는 자의 삶을 살지 못하면 교회에 나와서 직분을 받고 하나님께 예배를 드린다고 해도 결국에는 새 예루살렘 성 밖으로 쫓겨나서 어두운 곳에서 슬피 울며 이를 갈게 된다는 것입니다.

이 책을 읽는 모든 분들이 주님의 은혜와 사랑을 다시 한 번 깨닫고, 두렵고 떨리는 심정으로 예수 그리스도의 신부가 되는 올바른 행실로 이기는 자의 삶을 살기를 기원하며 강력 추천합니다.

추천사 4

원로목사
이성무 목사

1973년 어느 날, 154번 버스에서 내리고 몇 발자국을 걸었을 때 순간 나의 두 발이 땅에 붙고 위로부터 은혜의 빛줄기가 임하였으며……"나는 휴거의 영으로 네 안에 와 있노라"는 주님의 음성을 들었습니다. 그 후로 목회를 하면서 요한 계시록도 자주 강론하였습니다. 그리고 2011년 5월 1일 은퇴한 이후에는 소책자(전도지)를 쓰고 전달하면서 주님을 섬기고 있는 원로 목사입니다. 그리고 과천 시민회관에서 있었던 서사라 목사의 천국지옥간증집회(2015년 3월 24일) 참석하면서 그간 그를 통해 출간된 책들을 읽게 되었고 특별히 '성경편 제 3권 - 계시록 이해' 는 나에게 충격과 은혜로 눈을 뜨게 하는 책이 된 것입니다.

그런데 반가웁게도 이번에 '계시록 이해' 책의 요약편을 '요한 계시록 핵심'이라는 책으로 새롭게 출판한다 하니 기쁜 마음으로 이 책을 추천합니다.

이 시대를 살고 있는 모든 사람들에게 주님의 재림을 사모하고 있는 모든 성도들에게 그리고 주님의 재림을 증거해야 하는 목회자와 신학생들에게는 필독서라고 믿어져서 다시 한 번 추천하는 바입니다.

왜냐하면 우리가 살고 있는 지금은 요한 계시록이 실제로 풀리고 있는 시대이기 때문입니다.

샬롬‼

추천사 5

전 한국기독교 영성총연합회 대표회장
한찬희 목사

"볼지어다 그가 구름을 타고 오시리라 각 사람의 눈이 그를 보겠고
그를 찌른 자들도 볼 것이요 땅에 있는 모든 족속이 그로 말미암아
애곡하리니 그러하리라 아멘 주 하나님이 이르시되 나는 알파와
오메가라 이제도 있고 전에도 있었고 장차 올 자요 전능한 자라 하
시더라" (계 1:7-8)

요한 계시록은 오늘을 사는 우리에게 매우 중요한 성경입니다.
요한 계시록은 예수님께서 천사를 통해 요한에게 알려주신 것을 기
록한 책입니다. 거기에는 이제까지 이루어진 것들도 있고, 지금 이
루어지고 있는 것들도 있으며 앞으로 이루어질 것들도 있습니다.
이것을 우리가 잘 알고 지켜야 합니다.
그래서 계 1:3절에는 "이 예언의 말씀을 읽는 자와 듣는 자와 그 가
운데에 기록한 것을 지키는 자는 복이 있나니 때가 가까움이라"
(계1:3) 고 말씀하셨습니다. 그런데 요한 계시록의 비밀을 푸는 것
은 쉽지 않습니다.
요한 계시록의 많은 해석들이 있지만 우리는 어떤 것이 맞는지 알
기가 어렵습니다. 그런데 서사라 목사님의 계시록 이해 요약편이

그러한 어려움을 해결하여 주었습니다.

주님을 닮은 많은 사람들에게서 찾아볼 수 있는 것처럼 서사라 목사님은 영이 맑고 깨끗하고 순수한 분입니다. 그래서 하나님의 은혜로 천국과 지옥을 여러 번 체험하셨습니다.

그리고 계시록의 비밀을 하나님이 직접 풀어주셨습니다.

사도 요한을 통하여 계시해 주신 요한 계시록의 비밀을, 하나님은 이 시대에 서사라 목사님을 통해서 다시 한 번 쉽게 이해하고 나아갈 수 있도록 가르쳐 주셨습니다. 얼마나 감사한지 모릅니다.

주님은 모든 사람이 다 천국에 들어가기를 원하십니다.

그래서 이 책을 쓰게 하셨습니다.

이 책은 하나님의 진리로 충만한 책입니다.

바라건대 저는 이 책이 많은 사람들의 영혼을 일깨우는 책이 되기를 소원합니다.

깨어난 심령들마다 목표를 하늘에 두고 철저히 회개하며 깨끗한 세마포를 준비하여 부끄러움 없이 주님을 다 만나게 되기를 소원합니다.

"이것들을 증언하신 이가 이르시되 내가 진실로 속히 오리라 하시거늘 아멘 주 예수여 오시옵소서 주의 은혜가 모든 자에게 있을지어다 아멘" (계 22:20-22)

모든 영광을 주님께 올려드리며 서사라 목사님의 요한 계시록 핵심 책을 모든 그리스도인들이 읽기를 추천합니다. 할렐루야!!

그분은 이제도 있고 전에도 있었고 장차 올 자 예수 그리스도시라!

"주 하나님이 가라사대 나는 알파와 오메가라 이제도 있고 전에도 있었고 장차 올 자요 전능한 자라 하시더라"[계 1:8]

우리가 읽고 있는 성경은 현재 지금 보이는 하늘과 땅의 창조 즉 하나님의 천지창조부터 시작하여 이 창조된 세계가 없어지고 그 후에 새 하늘과 새 땅이 열리며 그 곳에는 새 예루살렘성이 하늘에서 하나님께로부터 내려와서 어린양과 그 신부들이 영원히 사는 것으로 끝을 맺고 있다.
그리고 우리는 곧 이것이 다 이루어지기 위하여 주님이 다시 오시는 가까운 시점에 살고 있는 것이다.

이 세상에서 가장 불쌍하고 어리석은 사람은 사후의 세계가 없고 죽으면 끝이라고 생각하는 사람들일 것이다.
왜냐하면 사후세계는 반드시 존재하고 하나님을 모르는 자들은 영원한 불못에 던져질 것이기 때문이다.

'누구든지 생명책에 기록되지 못한 자는 불못에 던지우더라.'
[계 20:15]

주님은 천상에서 나로 하여금 천국과 지옥을 보여주심으로 말미암아 천국과 지옥 간증수기 1편과 2편을 쓰게 하셨고 그 다음은 성경편으로 창세기편(천국과 지옥 간증수기 3)과 모세편(천국과 지옥 간증수기 4)을 쓰게 하셨다.
그리고 나서는 주님은 내가 사도 요한과 함께 계시록에 대하여 쓰기를 원하셨던 것이다.

내가 주님의 명령으로 이렇게 성경편을 쓰기 시작하였더니 어떤 이들은 이렇게 말하는 이들도 있다. '성경을 다시 쓰는 것이냐?' 고 아니다. 정말 그런 것이 아니다. 나는 단지 성경을 읽을 때 내 자신이 궁금하였던 점들을 천상에서 주님께 물어보았을 뿐이다. 그리하였더니 주님께서 말씀하여주시고 알게 하여 주시고 깨우쳐 주셔서 그것을 책으로 펴낸 것이다.

그리고 이번에 계시록 자체가 우리 모두에게 어렵고 연결이 잘 안 될 뿐 아니라 계시록을 해석하는 자들마다 다 다르게 해석하니 많은 사람들이 사실은 계시록에 대하여 귀를 닫고 살아왔다고 해도 과언이 아니다. 그래서 사람들은 그냥 성경만 읽기를 원했었다. 그러나 이번에 주님은 이 부족한 종을 통하여 그렇게 잘 풀리지 아니하던 계시록의 의문점들을 밝혀 주신 것이다.
이 일들은 천상에서 주로 주님과 요한 그리고 모세와 내가 앉아 있는 테이블에서 일어났다. 주님은 나에게 계시록에 대한 의문점들이 생각나게 하셨고 그리고 그 의문점들에 대하여 생각으로 알게 하시고 깨우치게 하여 주셨다.

물론 계시록의 내용에 대하여 내가 가진 의문점들이 다른 사람들이 갖는 의문점들과 다를 수는 있으나 그러나 많은 점들에 있어서 여러 동일한 의문점들이 풀리게 되었을 것이라 확신한다.

내가 천상에서 가지는 의문점들조차 주님이 주장하시는 경우가 많다. 왜냐하면 천국에서는 서로의 생각이 상대방에게 다 드러나기 때문이다.

그러므로 주님께서 밝히시고자 하는 것들을 내게 의문이 생기게 하신 것이라고도 할 수 있다. 할렐루야.

그리고 주님은 항상 늘 나에게 계시록이 이 내용은 이렇고 저 내용은 저렇고 이렇게 그분의 입으로 직접 설명하여 주신 것이 아님을 여기서 밝힌다. 주님은 천상에서 그 테이블에 앉아 계시면서 오히려 내 생각을 주장하시고 또한 나에게 생각으로 알게 하시고 깨우치게 하셨다는 것이다.

물론 한마디로 그렇다 이렇다하신 적도 있다. 그러나 그것은 극히 극소수였다. 대개는 나에게 의문점이 있을 때마다 생각으로 알게 하셨다. 할렐루야.

나는 지금 현 시대를 보면서 성경의 계시록이 이루어지고 있고 또 앞으로도 계속 이루어질 것을 믿는다. 그러나 얼마나 빨리 진행될지는 잘 모른다. 그러나 늘 우리는 다시 오실 주님을 바라보면서 준비하고 기다리는 삶을 살아야 할 것이다. 오늘 이 순간에도 말이다.

나는 이 책을 통하여 많은 사람들이 계시록에 대하여 이해가 되어지기를 바란다. 그리고 더 이상 계시록이 어렵다고 덮어두지 않기를 바라며 이제 주님 오실 날이 얼마 남지 않았으므로 이것에 더 초점을 맞추어서 그분의 다시 오심에 대비하여 신부단장하기를 소망하는 것이다.

우리 주님은 정말 곧 오실 것이다.

"보라 내가 속히 오리니 내가 줄 상이 내게 있어 각 사람에게 그의 일한 대로 갚아 주리라.
나는 알파와 오메가요 처음과 나중이요 시작과 끝이라"
[계 22:12-13]

"그 두루마기를 빠는 자들은 복이 있으니 이는 저희가 생명나무에 나아가며 문들을 통하여 성에 들어갈 권세를 얻으려 함이로다. 개들과 술객들과 행음자들과 살인자들과 우상 숭배자들과 및 거짓말을 좋아하며 지어내는 자마다 성밖에 있으리라"[계 22:14-15]
위의 두 구절은 내가 계시록에서 가장 중요하게 생각하는 구절들이다.

주님은 성경에서도 밝혀 주셨듯이 새 하늘과 새 땅에 하나님의
영광이 해같이 빛나는 그 새 예루살렘성 안에 아무나 들어가는
것이 아니다.
오직 그곳에 들어가는 자들은 희고 깨끗한 세마포 옷을 입고 주님
을 기다리는 자들인 것이다.
성경은 이 세마포 옷이 성도들의 옳은 행실이라고 밝혀주고 있다.
그러므로 이 성도들의 옳은 행실은 예수 믿는 믿음을 끝까지 지키
는 행위까지 포함하고 있는 것이다.

'성도들의 인내가 여기 있나니 저희는 하나님의 계명과 예수에 대한
믿음을 지키는 자니라.'
[계 14:12]

우리는 어떤 경우에서라도 주님을 배반하는 일은 없어야 할 것
이다.

주님은 우리에게 이렇게 말씀하신다.
"나더러 주여 주여 하는 자마다 천국에 다 들어갈 것이 아니요 다
만 하늘에 계신 내 아버지의 뜻대로 행하는 자라야 들어가리라"
[마 7:21]

또한 요한 계시록에도 이기는 자와 이기지 못하는 자를 구분하
고 있어 오직 이기는 삶을 사는 자들만 새 하늘과 새 땅에 있는
새 예루살렘성 안에 들어가 생명수를 값없이 마실 것이고 또한

생명나무 과일을 먹게 될 것이다.

할렐루야. 그러므로 우리는 그 무엇보다도 우리 주 예수 그리스도를 구세주로 영접한 후에 그 나머지 인생을 이 땅 위에 살면서 이기는 자의 삶을 살아드린 자라야 주님 오시는 그날에 어린양의 신부들로 발탁되어질 것이다.

그러나 예수를 믿었어도 이기지 못하는 삶을 산 자들은 새 예루살렘성 안으로 들어가지 못하고 새 하늘과 새 땅이지만 새 예루살렘성밖에 남게 될 것이다.

할렐루야.

계시록의 책이 마쳐지기까지 기도로 물질로 마음으로 시간으로 도우시고 후원하신 모든 분께 감사를 드린다. 그리고 무엇보다도 이 모든 것을 가능하게 하시고 이루어주신 우리 주님께 감사와 영광과 찬양을 올려 드리는 바이다.

LA에서 주님의 사랑교회
서사라 목사

요한계시록 핵심

목차

▶ 들어가는 말

이 계시록 핵심 책은 주님께서 나에게 2014년 8월 15일부터 시작하여 2015년 10월 17일까지 1년 2개월동안 14개월에 걸쳐서 천상에서 내가 갖고 있는 계시록에 대한 모든 질문들에 대하여 깨우치게 하신 것을 기록한 책이다.

주님은 이 계시록 책의 내용이 다 마쳐질 무렵에 나에게 큰 선물 즉 선교지가 나에게 열리게 하셨다. 나의 평생 소원은 선교였다. 왜냐하면 내가 처음에 주님으로부터 부르심을 받을 때에 받은 소명이 선교였기 때문이다. 그런데 주님은 나를 어디로 보내지 아니하셨다. 그래서 결국 나는 미국 엘에이에서 10년동안 개척교회를 하게 하시고 그 다음 나에게 천국과 지옥을 열어서 천국 지옥 간증수기 1, 2, 3, 4, 5를 쓰시게 한 다음에야 선교지로 가라는 명령을 내리신 것이다. 할렐루야. 나는 왜 주님이 바로 선교지로 안보내시고 지금에 와서야 보내시는지에 대하여도 나는 여기에 주님의 거룩하신 계획이 있는 줄 믿는다. 그리고 앞으로는 주님께서 나를 계속 선교지로 보내면서 선교의 일을 감당케 하실 것을 믿는다.

그리하여 하나님께서는 나를 2015년 10월 29일부터 한국에 집회를 인도한 후에 네팔과 인도로 보내셔서 집회를 연이어 인도하게 하셨고 그 다음에는 일본으로 건너가게 하셔서 집회를 인도한 후에 2015년 11월 14일날 미국엘에이로 돌아오게 하셨다. 그리하여 인도와 네팔, 그리고 일본과 또 하나의 나라 벨리제에 선교가 열리게 된 것이다. 하나님께서는 더 많은 나라로 나를 인도하실 것을 믿는다.

우리가 믿는 주님은 이렇게 모든 것을 계획하시고 이루시는 하나님이시다!

[렘 33:1-3]
(1)예레미야가 아직 시위대 뜰에 갇혔을 때에 여호와의 말씀이 그에게 다시 임하니라 가라사대 (2)일을 행하는 여호와, 그것을 지어 성취하는 여호와, 그 이름을 여호와라 하는 자가 이같이 이르노라 (3)너는 내게 부르짖으라 내가 네게 응답하겠고 네가 알지 못하는 크고 비밀한 일을 네게 보이리라

일을 행하시고 그것을 지어 성취하시는 여호와를 찬양하나이다!

다음은 많은 시간동안 천상을 왔다갔다하면서 계시록의 중요한 의문점들에 대하여 풀리게 된 것들을 핵심 정리하여야 할 필요성을 느끼게 되어 쓰게 된 요한 계시록 핵심 책이다. 많은 분들이 이 계시록 핵심 책을 통하여 그렇게 어렵게 느껴지던 계시록이 잘 이해하여지는데 많은 도움이 되기를 진심으로 기도한다.

요한 계시록 핵심

1. 적그리스도와 거짓선지자

계시록 11장과 13장에서 나오는 무저갱과 바다에서 올라오는 짐
승은 적그리스도가 아닌 악한 영인 것을 주님은 깨닫게 하여 주
셨다.

왜냐하면 다니엘서에서 적그리스도에 대한 예언이 그는 세상에
나타나 많은 사람들과 7년 언약을 맺는 자이기 때문이다.

[단 9:27]
그가 장차 많은 사람으로 더불어 한 이레 동안의 언약을 굳게 정하겠고
그가 그 이레의 절반에 제사와 예물을 금지할 것이며 또 잔포하여 미운
물건이 날개를 의지하여 설 것이며 또 이미 정한 종말까지 진노가 황폐
케 하는 자에게 쏟아지리라 하였느니라

그리고 주님도 나에게 누가 7년 언약을 맺는지 잘 보라고 하셨다. 그가 적그리스도라고 말씀하신 것이다.

그런데 계시록에서 나오는 이 짐승은 적그리스도가 활동하는 7년 동안의 후삼년 반 시작할 때에 바다에서 올라온다. 그리고 이 짐승은 용으로부터 용이 가진 그 권세와 능력, 그리고 그의 보좌까지 받게 되고 그리고 적그리스도의 후삼년 반 동안 하나님을 대적하는 일을 한다.

그리고 이 짐승은 사람이 아닌 것이 분명한 것이 뿔이 열 개이고 머리가 일곱이다.

그리고 모양은 표범 같고 발은 곰의 발 같고 입은 사자의 입 같다 하였다.

[계 13:1-5]

(1)내가 보니 바다에서 한 짐승이 나오는데 뿔이 열이요 머리가 일곱이라 그 뿔에는 열 면류관이 있고 그 머리들에는 참람된 이름들이 있더라 (2)내가 본 짐승은 표범과 비슷하고 그 발은 곰의 발 같고 그 입은 사자의 입 같은데 용이 자기의 능력과 보좌와 큰 권세를 그에게 주었더라 (3)그의 머리 하나가 상하여 죽게 된 것 같더니 그 죽게 되었던 상처가 나으매 온 땅이 이상히 여겨 짐승을 따르고 (4)용이 짐승에게 권세를 주므로 용에게 경배하며 짐승에게 경배하여 가로되 누가 이 짐승과 같으뇨 누가 능히 이로 더불어 싸우리요 하더라 (5)또 짐승이 큰 말과 참람된 말 하는 입을 받고 또 마흔 두달 일할 권세를 받으니라

그러므로 이 짐승은 악한 영으로서 바다의 깊은 곳 무저갱에서

올라와서 이미 세상에 등장하여 전삼년 반을 보낸 사람인 적그리스도 안에 들어가서 그의 임기 후삼년 반을 시작한다.

그러므로 이 적그리스도는 전삼년 반 동안은 그래도 조금 평화정책을 써 오다가 이 바다에서 나온 악한 영, 짐승이 그에게 들어가면 그 적그리스도는 돌변하는 것이다.

즉 그가 그 이레의 절반에 제사와 예물을 금지할 것이고 또 적그리스도로 하여금 참람된 입을 가지게 할 것이며 짐승과 그 짐승의 우상에게 절하지 않고 666표를 받지 아니하는 성도들을 죽이게 될 것이다.

[계 13:5-8]

(5)또 짐승이 큰 말과 참람된 말 하는 입을 받고 또 마흔 두달 일할 권세를 받으니라 (6)짐승이 입을 벌려 하나님을 향하여 훼방하되 그의 이름과 그의 장막 곧 하늘에 거하는 자들을 훼방하더라 (7)또 권세를 받아 성도들과 싸워 이기게 되고 각 족속과 백성과 방언과 나라를 다스리는 권세를 받으니 (8)죽임을 당한 어린 양의 생명책에 창세 이후로 녹명되지 못하고 이 땅에 사는 자들은 다 짐승에게 경배하리라

[계 13:16-18]

(16)저가 모든 자 곧 작은 자나 큰 자나 부자나 빈궁한 자나 자유한 자나 종들로 그 오른손에나 이마에 표를 받게 하고 (17)누구든지 이 표를 가진 자 외에는 매매를 못하게 하니 이 표는 곧 짐승의 이름이나 그 이름의 수라 (18)지혜가 여기 있으니 총명 있는 자는 그 짐승의 수를 세어 보라 그 수는 사람의 수니 육백 육십 륙이니라

그러나 결국 이 짐승과 거짓 선지자는 하늘에서 백마 타고 내려오시는 예수 그리스도와 그의 군대에 의하여 전쟁을 일으키다가 결국은 붙잡혀서 산채로 유황 불못에 던져지게 된다.

이것이 신과 인간의 전쟁인 아마겟돈 전쟁이다.

2. 전삼년 반에 일어나는 일

전삼년 반의 시작은 다음 세 가지 일이 일어날 때에 시작된다. 어느 것이 조금 먼저인지는 모르나 거의 동일 시점에 시작되리라 본다.

1. 적그리스도의 나타남이다.
2. 두 증인이 나타난다.
3. 제 3성전의 바깥뜰이 이방인들에 의하여 짓밟히기 시작한다.

[단 9:27]
그가 장차 많은 사람으로 더불어 한 이레 동안의 언약을 굳게 정하겠고 그가 그 이레의 절반에 제사와 예물을 금지할 것이며 또 잔포하여 미운 물건이 날개를 의지하여 설 것이며 또 이미 정한 종말까지 진노가 황폐케 하는 자에게 쏟아지리라 하였느니라

그러므로 짐승이 바다에서 올라오기 전부터 적그리스도는 세상에 드러나서 7년 평화조약을 맺은 자인 것이다.
전삼년 반은 여섯째 나팔이 불리워지고 유브라데강에 네 천사가 불리워지면 전쟁이 일어나서 이로 인하여 지구 인구의 1/3이 갑자기 죽고 그 다음에는 두 증인이 나타나면서 전삼년 반이 시작되고 일곱째 나팔이 불리워지기 전에 이들의 사역이 끝나고 바

다에서 올라오는 짐승에 의하여 죽임을 당하나 3일 반 만에 부활하여 하늘로 올라간다.

그리고 전삼년 반 동안 일어나는 일을 보면 :

(i) 두 증인이 권세를 받아 일하는 때이다.

[계 11:1-12]
(1)또 내게 지팡이 같은 갈대를 주며 말하기를 일어나서 하나님의 성전과 제단과 그 안에서 경배하는 자들을 척량하되 (2)성전 밖 마당은 척량하지 말고 그냥 두라 이것을 이방인에게 주었은즉 저희가 거룩한 성을 마흔 두달 동안 짓밟으리라 (3)내가 나의 두 증인에게 권세를 주리니 저희가 굵은 베옷을 입고 일천 이백 육십 일을 예언하리라 (4)이는 이 땅의 주 앞에 섰는 두 감람나무와 두 촛대니 (5)만일 누구든지 저희를 해하고자 한즉 저희 입에서 불이 나서 그 원수를 소멸할지니 누구든지 해하려 하면 반드시 이와 같이 죽임을 당하리라 (6)저희가 권세를 가지고 하늘을 닫아 그 예언을 하는 날 동안 비 오지 못하게 하고 또 권세를 가지고 물을 변하여 피 되게 하고 아무 때든지 원하는 대로 여러가지 재앙으로 땅을 치리로다 (7)저희가 그 증거를 마칠 때에 무저갱으로부터 올라오는 짐승이 저희로 더불어 전쟁을 일켜 저희를 이기고 저희를 죽일 터인즉 (8)저희 시체가 큰 성 길에 있으리니 그 성은 영적으로 하면 소돔이라고도 하고 애굽이라고도 하니 곧 저희 주께서 십자가에 못 박히신 곳이니라 (9)백성들과 족속과 방언과 나라 중에서 사람들이 그 시체를 사흘 반 동안을 목도하며 무덤에 장사하지 못하게 하리로다 (10)

이 두 선지자가 땅에 거하는 자들을 괴롭게 한 고로 땅에 거하는 자들이 저희의 죽음을 즐거워하고 기뻐하여 서로 예물을 보내리라 하더라 (11)삼일 반 후에 하나님께로부터 생기가 저희 속에 들어가매 저희가 발로 일어서니 구경하는 자들이 크게 두려워하더라 (12)하늘로부터 큰 음성이 있어 이리로 올라 오라 함을 저희가 듣고 구름을 타고 하늘로 올라가니 저희 원수들도 구경하더라

(ii) 둘째는 또한 1절과 2절을 보면 전삼년 반이 시작할 때부터 벌써 제 3 성전이 지어져 있는 것 을 알 수 있는데 이 제 3성전이 지어지면 전삼년 반 동안 이방인들이 이 제 3성전의 마당을 밟게 된다.

그런데 지금 우리 시대를 보면 아직 제 3 성전이 지어지지 아니하였다.
그러므로 우리는 아직 7년 환난 속에 들어간 것이 아니다.
또한 이런 일이 있기 전에 나팔재앙이 첫째 나팔재앙부터 시작하여 여섯째 나팔재앙까지 즉 전 인구의 삼분의 일이 같은 연월일시에 죽는 사건까지 있어야 한다.
그래야 두 증인이 권세를 받아 일천이백육십일 동안 예언하는 시대가 온다.
즉 이 두 증인이 나타남으로 말미암아 한 이레의 전삼년 반이 시작이 되는 것이다.
그리고 아직 어떤 자도 나타나서 이가 적그리스도가 될 터인데 7년 언약을 맺은 자가 없다.

주님은 말씀하셨다. 누가 7년 언약을 맺는지 그가 적그리스도라 하셨다.

그러므로 우리는 아직 이 7년 환난에 들어가지 아니한 것을 알 수 있다. 그 이유 중 또 하나는 나팔재앙이 하나도 아직 일어나지 아니하였기 때문이다.

그러나 확실한 것은 성경에는 두 증인이 나타나 전삼년 반 동안 즉 일천이백육십일 동안 그들이 권세를 받아 예언을 하고 또한 그들이 하늘을 닫아 3년 반 동안 비가 안 오고 바다가 피로 변하는 것이다.
그리고 이들의 활동은 7년 환난 기간 중 전삼년 반에 끝이 난다.

3. 전삼년 반의 두 증인

계시록에 나오는 두 증인은 여섯째 나팔이 불리워지면 세계의 전인구의 1/3이 죽는 전쟁이 일어난 후에 이 두 증인의 사역이 시작된다. 이 두 증인의 사역이 시작되면서 한 이레의 전 삼년반이 시작된다고 보는 것이다.

그리고 이 두 증인의 사역은 정확히 3년반 동안 지속되다가 일곱째 나팔이 불리기 직전에 이들의 사역이 끝이 나는 것이다.

[계 11:3-6]
(3)내가 나의 두 증인에게 권세를 주리니 저희가 굵은 베옷을 입고 일천 이백 육십 일을 예언하리라 (4)이는 이 땅의 주 앞에 섰는 두 감람나무와 두 촛대니 (5)만일 누구든지 저희를 해하고자 한즉 저희 입에서 불이 나서 그 원수를 소멸할지니 누구든지 해하려 하면 반드시 이와 같이 죽임을 당하리라 (6)저희가 권세를 가지고 하늘을 닫아 그 예언을 하는 날 동안 비 오지 못하게 하고 또 권세를 가지고 물을 변하여 피 되게 하고 아무 때든지 원하는 대로 여러가지 재앙으로 땅을 치리로다

그런데 이 두 증인에 대하여 논란이 많다. 과연 문자 그대로 두 사람을 말하는지 아니면 단체를 말하는지 말이다.

내가 주님께 이 두 증인에 대하여 가르쳐 달라고 하였을 때에 증

인의 의미를 사도행전 1장 8절에서 말하는 성령이 임하면 우리가 권능을 받고 땅 끝까지 예수를 전하는 증인이라는 의미를 말씀하여 주셨다.

[행 1:8]
오직 성령이 너희에게 임하시면 너희가 권능을 받고 예루살렘과 온 유대와 사마리아와 땅 끝까지 이르러 내 증인이 되리라 하시니라

즉 이 증인이라는 의미는 우리가 예수 그리스도를 유일한 구세주로 이 세상 땅 끝까지 전하는 사람이라는 말이다.

그런데 문제는 이 두 증인이 개인인 두 사람인가 아니면 단체인 교회 전체를 말하는가 하는 것이다.
계시록 11장 4절을 보면

[계11:4] 이는 이 땅의 주 앞에 섰는 두 감람나무와 두 촛대니

성경에는 이 두 증인을 주님 앞에 선 두 감람나무라고 되어 있고 또한 주님 앞에 서 있는 두 촛대라고 말한다.

성경에서 늘 말하는 이 둘은 다음에서도 볼 수 있는 것과 같이 유대인과 이방인을 말하는 것을 알 수 있다.

[엡 2:14-18]

(14)그는 우리의 화평이신지라 둘로 하나를 만드사 중간에 막힌 담을 허시고 (15)원수 된 것 곧 의문에 속한 계명의 율법을 자기 육체로 폐하셨으니 이는 이 둘로 자기의 안에서 한 새 사람을 지어 화평하게 하시고 (16)또 십자가로 이 둘을 한 몸으로 하나님과 화목하게 하려 하심이라 원수 된 것을 십자가로 소멸하시고 (17)또 오셔서 먼데 있는 너희에게 평안을 전하고 가까운데 있는 자들에게 평안을 전하셨으니 (18)이는 저로 말미암아 우리 둘이 한 성령 안에서 아버지께 나아감을 얻게 하려하심이라

할렐루야.

즉 이 둘은 하나님 앞에서 유대인과 이방인을 말하는 것이다.

또한 계시록에서는 이 두 촛대가 무엇을 의미하는지를 보면

주님께서 일곱 교회에 보내는 편지를 볼 때에 기록된 것을 보면 알 수 있다.

즉 주님이 일곱 촛대사이를 왔다갔다 하셨다 하였는데 이 촛대는 교회를 말한다 하였다.

[계 1:12-20]

(12)몸을 돌이켜 나더러 말한 음성을 알아 보려고 하여 돌이킬 때에 일곱 금 촛대를 보았는데 (13)촛대 사이에 인자 같은 이가 발에 끌리는 옷을 입고 가슴에 금띠를 띠고 (14)그 머리와 털의 희기가 흰 양털 같고 눈 같으며 그의 눈은 불꽃 같고 (15)그의 발은 풀무에 단련한 빛난 주석 같고 그의 음성은 많은 물 소리와 같으며 (16)그 오른손에 일곱 별이

있고 그 입에서 좌우에 날선 검이 나오고 그 얼굴은 해가 힘있게 비취는 것 같더라 (17)내가 볼 때에 그 발 앞에 엎드러져 죽은 자 같이 되매 그가 오른손을 내게 얹고 가라사대 두려워 말라 나는 처음이요 나중이니 (18)곧 산 자라 내가 전에 죽었었노라 볼지어다 이제 세세토록 살아 있어 사망과 음부의 열쇠를 가졌노니 (19)그러므로 네 본 것과 이제 있는 일과 장차 될 일을 기록하라 (20)네 본 것은 내 오른손에 일곱 별의 비밀과 일곱 금촛대라 일곱 별은 일곱 교회의 사자요 일곱 촛대는 일곱 교회니라

그러므로 이 두 촛대는 주 앞에 선 두 교회이다.
즉 예수 믿는 유대인들인 교회와 예수 믿는 이방인들의 교회인 것이다.

그런데 왜 이 두 증인이 교회인 단체가 아니고 개인인가 하는 것이다.
이것은 스가랴서에서 말하는 두 감람나무의 의미에서 찾을 수 있는 것이다.

[슥 4:11-14]
(11)내가 그에게 물어 가로되 등대 좌우의 두 감람나무는 무슨 뜻이니이까 하고 (12)다시 그에게 물어 가로되 금 기름을 흘려내는 두 금관 옆에 있는 이 감람나무 두 가지는 무슨 뜻이니이까 (13)그가 내게 대답하여 가로되 네가 이것이 무엇인지 알지 못하느냐 대답하되 내 주여 알지 못하나이다 (14) 가로되 이는 기름 발리운 자 둘이니 온 세상의 주 앞에

모셔 섰는 자니라 하더라

왜 이 두 증인이 왜 두 사람인가 하는 것인데

첫째, 왜냐하면 스가랴 4장 14절에서 정확히 이들은 기름발리운 자 둘이라고 하였기 때문이다.
이 구절을 영어로 보면, These are the two anointed ones. 으로 되어 있다.

둘째, 왜 그들이 두 명인가 하면 계시록을 볼 때에

[계 11:3-4]
(3)내가 나의 두 증인에게 권세를 주리니 저희가 굵은 베옷을 입고 일천 이백 육십 일을 예언하리라 (4)이는 이 땅의 주 앞에 섰는 두 감람나무와 두 촛대니

여기서 이들을 분명 두 증인이라고 말하고 있다는 것이다. 즉 두 명을 말한다.

셋째, 또 왜 그들이 두 명인가 하는 것인데 그 이유는
이들이 굵은 베옷을 입고 3년 반 동안 예언을 하는데 그리고 이 3년 반 동안 이들은 하늘을 닫아서 비가 오지 않게 한다고 되어 있다.
이 두 증인이 두 명이 아니라 교회 전체로 본다면 유대인 교회 전체 그리고 이방인 교회 전체가 굵은 베옷을 입고 다 같이 예언을

한다고 보기는 어렵다.

[계 11:3-6]
(3)내가 나의 두 증인에게 권세를 주리니 저희가 굵은 베옷을 입고 일천 이백 육십 일을 예언하리라 (4)이는 이 땅의 주 앞에 섰는 두 감람나무와 두 촛대니 (5)만일 누구든지 저희를 해하고자 한즉 저희 입에서 불이 나서 그 원수를 소멸할지니 누구든지 해하려 하면 반드시 이와 같이 죽임을 당하리라 (6)저희가 권세를 가지고 하늘을 닫아 그 예언을 하는 날 동안 비 오지 못하게 하고 또 권세를 가지고 물을 변하여 피 되게 하고 아무 때든지 원하는 대로 여러 가지 재앙으로 땅을 치리로다

그러므로 분명히 이 문맥으로 보아도 두 증인은 두 사람임에 틀림이 없다.
또한 이들은 물을 변하여 피가 되게 할 것이다.

넷째, 왜 그 두 증인이 두 사람인가 하는 것인데
이들이 3년반 동안 사역을 마칠 무렵에 무저갱에서 짐승이 올라오는데 이 짐승이 그들 모두를 죽이고 이들 모두가 엄청난 숫자일텐데 이들이 다 사람들이 지켜보는 가운데 다 그 시체들이 널려 있고 그리고 3일 반 후에 모두가 다 다시 살아난다고 보기가 힘들다.

그러므로 여기서는 문자 그대로 두 증인을 두 사람으로 봄이 옳다. 할렐루야.

그리고 이 두 증인은 한 이레의 전삼년 반 동안 이 지상에서 마지막으로 회개하라고 외치는 자가 될 것이다 (계시록 이해 238p, (ii) 두 증인은 마지막으로 회개하라고 외치는 자들이다. 참조).

그리고 이들은 이 땅의 사람들이 회개하지 아니하니 재앙으로 지구를 치게 될 것이다.

왜냐하면 성경은 그들이 예언하는 동안 3년반 동안 비가 오지 않게 하고 물이 피로 변하게 하며 재앙으로 그들이 원하는 대로 땅을 친다고 기록하고 있다.

그리고 이 두 증인은 두 사람이 분명한데 주님께서 가르쳐 주시기를 이들은 하늘에서 보내어지는 것이 아니라 이 땅 위에 사는 사람이라는 것을 알게 하여 주셨다. 왜냐하면 하늘에서 보내어진다면 그들은 이 땅위에서 다시 죽지 아니할 것이기 때문이다. 그런데 이 두증인은 무저갱에서 올라오는 짐승에 의하여 죽임을 당하기 때문이다. 그러므로 모세와 엘리야가 아니다 (계시록 이해 242p, ii) 그리고 두 증인에 대한 확실한 정리 참조).

그러므로 이 두 사람은 결국은 주 앞에 선 두 감람나무로서 두 촛대로서 한 사람은 유대인의 교회에서 또 다른 한 사람은 이방인의 교회에서 나오는 두 증인으로 보인다.

4. 반시동안 고요한 때

일곱째 인을 떼고 나서 반시 동안 조금 고요하다 하였는데 이 반시 동안 무슨 일이 일어나는가?
하는 것이다.

[계 8:1-6]
(1)일곱째 인을 떼실 때에 하늘이 반시 동안쯤 고요하더니 (2)내가 보매 하나님 앞에 시위한 일곱 천사가 있어 일곱 나팔을 받았더라 (3)또 다른 천사가 와서 제단 곁에 서서 금 향로를 가지고 많은 향을 받았으니 이는 모든 성도의 기도들과 합하여 보좌 앞 금단에 드리고자 함이라 (4)향연이 성도의 기도와 함께 천사의 손으로부터 하나님 앞으로 올라가는지라 (5)천사가 향로를 가지고 단 위의 불을 담아다가 땅에 쏟으매 뇌성과 음성과 번개와 지진이 나더라 (6)일곱 나팔 가진 일곱 천사가 나팔 불기를 예비하더라

그리하였더니 주님이 내게 이 성경구절을 생각나게 하여 주시는 것이었다.

[계 22:18-19]
(18)내가 이 책의 예언의 말씀을 듣는 각인에게 증거하노니 만일 누구든지 이것들 외에 더하면 하나님이 이 책에 기록된 재앙들을 그에게 더

하실 터이요 (19)만일 누구든지 이 책의 예언의 말씀에서 제하여 버리면 하나님이 이 책에 기록된 생명 나무와 및 거룩한 성에 참예함을 제하여 버리시리라

즉 주님이 내가 이 질문을 할 때에 이 성경구절을 주신 의미는 이러한 것이었다.

그래서 이 반시 동안 고요한 시간은 그대로 넘기라는 것이다. 기록된 것 이외에 더하지 말라는 것이다. 그리고 **빼지도** 말라는 것이다. 그리고 이 시간 동안 무엇이 일어난다고 하는 것은 요한에게도 밝혀주지 않은 것을 우리가 무엇이 일어난다고 하는 것은 어불성설인 것이다.

주님이 내게 가르쳐 주신 것은 이렇게 반시 동안 조용한 것은 그 다음 나팔재앙 때부터는 심한 재앙이 터지므로 하늘에서도 슬퍼하는 것으로 보인다.

성경에 보면 첫째 나팔이 불리워지면서 땅 1/3이 불에 타고 둘째 나팔이 불리워지면 바다의 1/3이 피가 되고 셋째 나팔이 불리워지면 강 1/3이 쓰게 되어 못 먹게 되고 넷째 나팔이 불리워지면 해와 달의 비침이 1/3이 없어지고 다섯째 나팔이 불리워지면 무저갱에서 황충들이 나와 인 맞지 아니한 사람들을 다섯 달 동안 괴롭히고 그 때에 사람들이 너무 괴로워 죽고 싶어도 못 죽는다 하였고 또 여섯째 나팔이 불리워지면 인구의 1/3이 한 날 한 시에 죽게 된다 하였다.

그리고 일곱째 나팔이 불리워지면 더 큰 재앙들인 일곱 대접재
앙이 시작된다. 그러므로 이 모든 것들은 엄청난 재앙이 아닐 수
없다.

그래서 일곱째 인을 뗀 후에는 반시동안 조용한 것으로 보인다.

5. 계시록 12장 해석

[계 12:1-17]

(1)하늘에 큰 이적이 보이니 해를 입은 한 여자가 있는데 그 발 아래는 달이 있고 그 머리에는 열 두 별의 면류관을 썼더라 (2)이 여자가 아이를 배어 해산하게 되매 아파서 애써 부르짖더라 (3)하늘에 또 다른 이적이 보이니 보라 한 큰 붉은 용이 있어 머리가 일곱이요 뿔이 열이라 그 여러 머리에 일곱 면류관이 있는데 (4)그 꼬리가 하늘 별 삼분의 일을 끌어다가 땅에 던지더라 용이 해산하려는 여자 앞에서 그가 해산하면 그 아이를 삼키고자 하더니

(i) 여기서 해를 입은 한 여자는 누구를 말하느냐면

주님은 이 여자가 이스라엘을 말한다는 것을 천상에서 깨우치게 하여 주셨다.

왜냐하면 그는 열두 별의 면류관을 쓴 것이 이스라엘의 열두지파인 것을 알게 하여주신 것이다.

왜냐하면 요셉이 11형제들의 별이 자신의 별에 절하는 것을 보았기 때문이다. 할렐루야. 그리고 머리가 일곱이고 뿔이 열인 큰 붉은 용은 사단을 의미하는데 이것이 하늘의 별 삼분의 일을 끌어다가 땅에 던졌다 하였다.

성경은 사단을 별인 계명성이라 부른다. 그리고 그에게 속한 천

사들을 땅에다가 던진 것이다. 하늘의 별은 모든 천사를 말하나 그에게 속한 1/3 천사들만 땅으로 내려가게 한 것이다.

[사 14:12-15]
(12)너 아침의 아들 계명성이여 어찌 그리 하늘에서 떨어졌으며 너 열국을 엎은 자여 어찌 그리 땅에 찍혔는고 (13)네가 네 마음에 이르기를 내가 하늘에 올라 하나님의 뭇별 위에 나의 보좌를 높이리라 내가 북극 집회의 산 위에 좌정하리라 (14)가장 높은 구름에 올라 지극히 높은 자와 비기리라 하도다 (15)그러나 이제 네가 음부 곧 구덩이의 맨 밑에 빠치우리로다

(ii) 여자가 낳은 아들

[계 12: 5]
여자가 아들을 낳으니 이는 장차 철장으로 만국을 다스릴 남자라 그 아이를 하나님 앞과 그 보좌 앞으로 올려가더라

여기서 여자가 낳은 아들은 예수 그리스도이시다. 이는 철장으로 장차 만국을 다스릴 남자라.
이 말은 아마겟돈 전쟁 때에 나타난 말이다.

[계 19:11-16]
(11)또 내가 하늘이 열린 것을 보니 보라 백마와 탄 자가 있으니 그 이름은 충신과 진실이라 그가 공의로 심판하며 싸우더라 (12)그 눈이 불꽃

같고 그 머리에 많은 면류관이 있고 또 이름 쓴 것이 하나가 있으니 자기 밖에 아는 자가 없고 (13)또 그가 피 뿌린 옷을 입었는데 그 이름은 하나님의 말씀이라 칭하더라 (14)하늘에 있는 군대들이 희고 깨끗한 세마포를 입고 백마를 타고 그를 따르더라 (15)그의 입에서 이한 검이 나오니 그것으로 만국을 치겠고 친히 저희를 철장으로 다스리며 또 친히 하나님 곧 전능하신 이의 맹렬한 진노의 포도주 틀을 밟겠고 (16)그 옷과 그 다리에 이름 쓴 것이 있으니 만왕의 왕이요 만주의 주라 하였더라

즉 이 아이는 장차 만국을 다스릴 남자인데 낳자마자 용이 이를 삼키려 하였다. 그러나 하나님은 천사들을 보내어 이 아이를 지키게 하셨고 결국 예수 그리스도는 인류를 위하여 십자가에 못 박혀 죽으시고 그 영혼은 삼일만에 부활하셔서 40일 동안 지상에 계시다가 제자들이 보는 가운데 승천하신 것이다. 그리하여 하나님 아버지 보좌 우편에 앉아 계시게 되었다.

[마 26:63-64]
(63)예수께서 잠잠하시거늘 대제사장이 가로되 내가 너로 살아 계신 하나님께 맹세하게 하노니 네가 하나님의 아들 그리스도인지 우리에게 말하라 (64)예수께서 가라사대 네가 말하였느니라 그러나 내가 너희에게 이르노니 이 후에 인자가 권능의 우편에 앉은 것과 하늘 구름을 타고 오는 것을 너희가 보리라 하시니

또한 여기에 대하여 다윗이 이미 주님오시기 전 1000년 전에 영으로 계시를 받았다.

[마 22:44]

주께서 내 주께 이르시되 내가 네 원수를 네 발 아래 둘 때까지 내 우편에 앉았으라 하셨도다 하였느냐

그러므로 이 성경구절은 즉 예수님의 원수를 그 발아래 둘 때까지 하나님의 우편에 앉는다는 말은 여호와께서 그 처소에서 나와 땅의 거민을 벌하시기 위하여 오시는데 이것을 계시록 19장에서는 백마 타고 오시는 주님을 말하고 있고 이 주님은 적그리스도와 그에게 붙은 왕들과의 전쟁인 아마겟돈 전쟁을 일으키시기 위하여 지상재림하시는 것을 말하고 있다.

[사 26:21]

보라 여호와께서 그 처소에서 나오사 땅의 거민의 죄악을 벌하실 것이라 땅이 그 위에 잦았던 피를 드러내고 그 살해 당한 자를 다시는 가리우지 아니하리라

그리고 이 아마겟돈전쟁의 끝에는 적그리스도와 거짓선지자를 잡아서 산채로 유황 불못에 던져넣고 사단은 일천년 동안 무저갱에 감금시키게 될 것이다.

할렐루야. 그러므로 네 원수를 네 발아래 둘 때까지라는 말은 이 세상나라가 마귀의 손에서 빼앗겨져서 그리스도의 나라가 되는 것을 말하고 있다.

[계 11:15]

일곱째 천사가 나팔을 불매 하늘에 큰 음성들이 나서 가로되 세상 나라가 우리 주와 그 그리스도의 나라가 되어 그가 세세토록 왕 노릇 하시리로다 하니

그러므로 주님은 하나님 우편에 앉아 계시다가 아마겟돈 전쟁 때 백마 타고 내려오시는 것이다.

(iii) 여자를 위한 광야의 예비처

[계 12:6]

그 여자가 광야로 도망하매 거기서 일천 이백 육십일 동안 저를 양육하기 위하여 하나님의 예비하신 곳이 있더라

용이 바다에서 올라오는 짐승에게 그의 보좌와 능력과 권세를 다 주었으니 이 짐승이 그 여자를 핍박하며 하나님은 이 여자를 위한 광야에 예비처를 마련하여 적그리스도의 후삼년 반 즉 한 때 두때 반때를 지내게 한다.

주님은 천상에서 이 여자가 이스라엘이며 또한 이들은 앞서 계시록 7장에서 하나님의 종들을 인을 칠 때에 인침을 받은 유대인의 십사만 사천이라는 것을 깨닫게 하여 주셨다.

[계 12:13-14]
(13)용이 자기가 땅으로 내어쫓긴 것을 보고 남자를 낳은 여자를 핍박하는지라 (14)그 여자가 큰 독수리의 두 날개를 받아 광야 자기 곳으로 날아가 거기서 그 뱀의 낯을 피하여 한 때와 두 때와 반 때를 양육 받으매

그러므로 이 이스라엘 십사만 사천은 적그리스도의 후삼년 반 동안 그 핍박의 기간에 하나님이 마련하신 예비처로 옮겨져서 하나님으로부터 특별한 양육을 받는 것으로 보인다. 그리하여 후삼년 반동안의 기간에 적그리스도로부터의 핍박을 피하기 위한 예비처가 이방인들에게는 특별히 없는 것으로 보인다. 즉 주님만 의지하여야 하는 것이다. 이방인들은 믿음을 지키기 위하여 이 때에 순교하거나 쫓겨 다니거나 해야 한다.

그리고 이 십사만 사천은 하나님께서 적그리스도의 후삼년 반 동안 광야의 예비처로 피신시켜서 거기서 하나님의 말씀으로 특별히 양육 받고 그리고 계시록 14장에서 기록한 것과 같이 하늘로 올리워 가게 될 것이다.

[계 14:1-5]
(1)또 내가 보니 보라 어린 양이 시온산에 섰고 그와 함께 십 사만 사천이 섰는데 그 이마에 어린 양의 이름과 그 아버지의 이름을 쓴 것이 있도다 (2)내가 하늘에서 나는 소리를 들으니 많은 물소리도 같고 큰 뇌성도 같은데 내게 들리는 소리는 거문고 타는 자들의 그 거문고 타는 것 같더라 (3)저희가 보좌와 네 생물과 장로들 앞에서 새 노래를 부르니 땅

에서 구속함을 얻은 십 사만 사천인 밖에는 능히 이 노래를 배울 자가 없더라 (4)이 사람들은 여자로 더불어 더럽히지 아니하고 정절이 있는 자라 어린 양이 어디로 인도하든지 따라가는 자며 사람 가운데서 구속을 받아 처음 익은 열매로 하나님과 어린 양에게 속한 자들이니 (5)그 입에 거짓말이 없고 흠이 없는 자들이더라

할렐루야.

(iv) 사단의 마지막 때

[계 12:7-10]
(7)하늘에 전쟁이 있으니 미가엘과 그의 사자들이 용으로 더불어 싸울새 용과 그의 사자들도 싸우나 (8)이기지 못하여 다시 하늘에서 저희의 있을 곳을 얻지 못한지라 (9)큰 용이 내어 쫓기니 옛 뱀 곧 마귀라고도 하고 사단이라고도 하는 온 천하를 꾀는 자라 땅으로 내어 쫓기니 그의 사자들도 저와 함께 내어 쫓기니라 (10)내가 또 들으니 하늘에 큰 음성이 있어 가로되 이제 우리 하나님의 구원과 능력과 나라와 또 그의 그리스도의 권세가 이루었으니 우리 형제들을 참소하던 자 곧 우리 하나님 앞에서 밤낮 참소하던 자가 쫓겨 났고

하늘에서 땅으로 쫓겨난 용은 적그리스도의 후삼년 반 기간의 시작 때에 바다에서 올라오는 짐승에게 그의 보좌와 능력과 모든 권세를 준다. 사실 이 때부터 용의 권세는 무너지기 시작하는 그 때였다. 왜냐하면 일곱째 나팔이 불리워지면서 사실은 적그

리스도의 후삼년 반의 시작이 세상 나라가 그리스도의 나라로 도로 찾아지게 되는 시작을 말하고 있기 때문이다.

[계 11:15]
(15)일곱째 천사가 나팔을 불매 하늘에 큰 음성들이 나서 가로되 세상 나라가 우리 주와 그 그리스도의 나라가 되어 그가 세세토록 왕 노릇 하시리로다 하니

그러나 이것은 실제로 하나님을 대적하는 세력인 큰 바벨론성이 무너지는 날인 그리고 적그리스도와 신의 전쟁인 아마겟돈 전쟁이 일어나는 날, 그리하여 그날에 적그리스도와 거짓선지자가 잡혀서 산채로 유황 불못에 던져지는 그날, 그리고 사단이 무저갱에 일천년 동안 감금되는 그날에 세상나라가 주 여호와 그리스도의 나라로 되찾아진바 되는 것이다. 할렐루야.

[계 12: 11]
또 여러 형제가 어린 양의 피와 자기의 증거하는 말을 인하여 저를 이기었으니 그들은 죽기까지 자기 생명을 아끼지 아니하였도다

그리고 이 때가 바로 제단아래 있는 순교자들의 피를 신원하여 주는 때인 것이다. 할렐루야.

(12)그러므로 하늘과 그 가운데 거하는 자들은 즐거워하라 그러나 땅과 바다는 화 있을진저 이는 마귀가 자기의 때가 얼마 못된 줄을 알므

로 크게 분내어 너희에게 내려 갔음이라 하더라 (13)용이 자기가 땅으로 내어쫓긴 것을 보고 남자를 낳은 여자를 핍박하는지라 (14)그 여자가 큰 독수리의 두 날개를 받아 광야 자기 곳으로 날아가 거기서 그 뱀의 낯을 피하여 한 때와 두 때와 반 때를 양육 받으매 (15)여자의 뒤에서 뱀이 그 입으로 물을 강 같이 토하여 여자를 물에 떠내려 가게 하려 하되 (16)땅이 여자를 도와 그 입을 벌려 용의 입에서 토한 강물을 삼키니

하나님은 이스라엘의 열두지파 계시록 7장에서 이마에 인을 맞은 십사만사천을 적그리스도의 후삼년 반 기간 동안 그들을 광야의 예비처로 피신시켜서 그들을 거기서 하나님의 말씀으로 양육하고서는 계시록 14장에서 하늘로 올리워 가신다.

[계 14:1-5]
(1)또 내가 보니 보라 어린 양이 시온산에 섰고 그와 함께 십 사만 사천이 섰는데 그 이마에 어린 양의 이름과 그 아버지의 이름을 쓴 것이 있도다 (2)내가 하늘에서 나는 소리를 들으니 많은 물소리도 같고 큰 뇌성도 같은데 내게 들리는 소리는 거문고 타는 자들의 그 거문고 타는 것 같더라 (3)저희가 보좌와 네 생물과 장로들 앞에서 새 노래를 부르니 땅에서 구속함을 얻은 십 사만 사천인 밖에는 능히 이 노래를 배울 자가 없더라 (4)이 사람들은 여자로 더불어 더럽히지 아니하고 정절이 있는 자라 어린 양이 어디로 인도하든지 따라가는 자며 사람 가운데서 구속을 받아 처음 익은 열매로 하나님과 어린 양에게 속한 자들이니 (5)그 입에 거짓말이 없고 흠이 없는 자들이더라

(v) 여자의 남은 자손

[계 12:17]
(17)용이 여자에게 분노하여 돌아가서 그 여자의 남은 자손 곧 하나님의 계명을 지키며 예수의 증거를 가진 자들로 더불어 싸우려고 바다 모래 위에 섰더라

적그리스도의 후삼년 반 동안에도 이스라엘에 예수를 믿고 그 증거를 가지고 있는 자들이 생겨나서 적그리스도의 우상에게 절하지 않고 그 이마나 손에 표를 받지 아니한 자들이 살아 있는데 이들과 또 용이 싸우려고 바다모래 위에 섰다라고 기록되어 있는 것으로 보여진다.

6. 대환난 전과 대환난 후에 두 번에 걸쳐 일어나는 휴거

먼저 공중휴거가 왜 대환난 전인지를 살펴보자.

그러다가 보면 대환난 전과 대환난 후에 두 번에 걸쳐서 일어나는 휴거가 있음을 알 수 있게 된다.

먼저 공중휴거에 대한 성경구절들을 보면

[살전 4:14-17]

(14)우리가 예수의 죽었다가 다시 사심을 믿을진대 이와 같이 예수 안에서 자는 자들도 하나님이 저와 함께 데리고 오시리라 (15)우리가 주의 말씀으로 너희에게 이것을 말하노니 주 강림하실 때까지 우리 살아있는 자도 자는 자보다 결단코 앞서지 못하리라 (16)주께서 호령과 천사장의 소리와 하나님의 나팔로 친히 하늘로 좇아 강림하시리니 그리스도 안에서 죽은 자들이 먼저 일어나고 (17)그 후에 우리 살아 남은 자도 저희와 함께 구름 속으로 끌어 올려 공중에서 주를 영접하게 하시리니 그리하여 우리가 항상 주와 함께 있으리라

우리는 이 공중휴거를 'rapture'라고 한다.

이 공중휴거의 특징은

주안에서 죽은 자들이 먼저 부활의 몸을 입고 주님과 함께 구름

위에 서서 주님과 함께 공중으로 임한다는 것이다. 그리고 그 다음 지상에서 살아남은 자가 홀연히 그 몸이 변화하여 공중에서 주를 영접하는 것이다. 할렐루야.

[고전 15:51-53]
(51)보라 내가 너희에게 비밀을 말하노니 우리가 다 잠잘 것이 아니요 마지막 나팔에 순식간에 홀연히 다 변화하리니 (52)나팔 소리가 나매 죽은 자들이 썩지 아니할 것으로 다시 살고 우리도 변화하리라 (53)이 썩을 것이 불가불 썩지 아니할 것을 입겠고 이 죽을 것이 죽지 아니함을 입으리로다

할렐루야. 그러면 왜 이 공중휴거가 대환난 전인가 하는 것이다.

(i) 첫째는 주님이 빌라델비아 교회 교인들에게 하신 말씀에서 알 수 있다.

[계 3:7-10]
(7)빌라델비아 교회의 사자에게 편지하기를 거룩하고 진실하사 다윗의 열쇠를 가지신 이 곧 열면 닫을 사람이 없고 닫으면 열 사람이 없는 그이가 가라사대 (8) 볼지어다 내가 네 앞에 열린 문을 두었으되 능히 닫을 사람이 없으리라 내가 네 행위를 아노니 네가 적은 능력을 가지고도 내 말을 지키며 내 이름을 배반치 아니하였도다 (9) 보라 사단의 회 곧 자칭 유대인이라 하나 그렇지 않고 거짓말 하는 자들 중에서 몇을 네게 주어 저희로 와서 네 발 앞에 절하게 하고 내가 너를 사랑하는 줄을 알

게 하리라 (10) 네가 나의 인내의 말씀을 지켰은즉 내가 또한 너를 지키어 시험의 때를 면하게 하리니 이는 장차 온 세상에 임하여 땅에 거하는 자들을 시험할 때라

여기서 특히 이 계시록 3장 10절의 말씀을 보면 빌라델비아 교회 교인들은 적은 능력을 가지고서도 하나님의 말씀을 인내로 지켜 내었다고 말씀하신다.

[계 3:10]
네가 나의 인내의 말씀을 지켰은즉 내가 또한 너를 지키어 시험의 때를 면하게 하리니 이는 장차 온 세상에 임하여 땅에 거하는 자들을 시험할 때라
Because thou hast kept the word of my patience, I also will keep thee from the hour of temptation, which shall come upon all the world, to try them that dwell upon the earth.

그래서 주님이 말씀하시기를 내가 너를 지키어 시험의 때를 면하게 하리니 이는 장차 온 세상에 임하여 땅에 거하는 자들을 시험할 때라 하셨다.

여기서 장차 온 세상에 임하여 땅에 거하는 자들을 시험할 때의 이 시험은 무슨 시험을 말하는가 하는 것인데 이것을 king james version 으로 보면 'temptation'이라고 하는 '유혹'이라는 단어를 쓰고 있다.

이 'temptation'이라는 '유혹'이라는 단어는 우리가 언제든지 원치 아니하면 안 받을 수도 있는 것이다. 왜냐하면 유혹은 거절할 수 있다. 그러나 안 받으면 죽인다 하여도 안 받을 수 있는 것이다. 할렐루야. 선택의 여지가 주어지는 것이다.

그러나 이 시험이 일방적인 하나님의 진노를 말하는 시험이라고 한다면 우리는 피할 수 있는 것이 아니므로 여기서 이렇게 표현될 리가 없는 것이다.

그러므로 장차 온 세상에 임하여 땅에 거하는 자들을 시험하는 시험이 무엇이겠는가 하는 것인데 이것은 아무리 생각하여도 성경에 나타나 있는 장차 적그리스도와 거짓선지자가 나타나서 모든 사람들에게 짐승의 표 즉 666을 받게 하는 사건임에 틀림이 없다.

[계 13:16-18]
(16)저가 모든 자 곧 작은 자나 큰 자나 부자나 빈궁한 자나 자유한 자나 종들로 그 오른손에나 이마에 표를 받게 하고 (17)누구든지 이 표를 가진 자 외에는 매매를 못하게 하니 이 표는 곧 짐승의 이름이나 그 이름의 수라 (18)지혜가 여기 있으니 총명 있는 자는 그 짐승의 수를 세어 보라 그 수는 사람의 수니 육백 육십 륙이니라

'저가 모든 자'라는 말은 장차 이 세상에 있는 모든 사람들에게 하는 시험을 말한다.

즉 전 세계에 있는 자들에게 강제로 짐승의 표 666을 받게 하는 때인 것이다. 주여!

그러므로 주님은 빌라델비아 교회 교인들에게 이 시기를 면하게 하여 주시겠다고 약속하시는 것이다. 할렐루야. 아멘.

그러므로 주님은 이 빌라델비아 교회 교인들이 장차 온 세상에 임하는 이 시험이 오기 전에 휴거될 것을 말씀하시는 것을 알 수 있다. 할렐루야.

그러면 이 휴거가 대환난(적그리스도의 후삼년 반 통치기간) 전이냐 아니면 그보다 더 전인 전삼년 반(적그리스도의 전삼년 반 통치기간) 전이냐 하는 것인데 이 표를 받는 시기는 계시록에서 일곱나팔이 불리고 나서 일어나는 것을 기록하고 있다. 그러므로 그 표를 받는 시기 전에 계시록에서는 많은 재앙이 일어나는 것을 기록하고 있는데 이 표를 받는 시기는 일곱 인의 재앙도 다 끝나고 일곱 나팔재앙도 거의 다 끝날 무렵인 것이다.

그러므로 이 공중휴거가 만일에 대환난 전에 일어나는 것이 아니라 훨씬 그 이전에 전삼년 반 전에 휴거가 일어나는 것이라면 계시록의 저자는 아마도 이렇게 표현하였을 것이다.

즉 온 세상에 있는 땅에 거하는 자들에게 시험을 할 때에 내가 너를 지키어 이 시험의 때를 면하게 하리니 라고 표현하는 대신에 내가 구체적으로 다섯째 나팔이 불리면 일어나는 황충재앙에서 너를 지키어 줄 것이고 또한 다르게 첫째 나팔이 불리워지면 땅의 삼분의 일이 불에 타는데 이 땅의 1/3이 불에 탈 때에 너를 지

켜 줄 것이고 또 여섯째 나팔이 불리워지면 땅의 인구의 삼분의
일이 전쟁으로 인하여 죽을 텐테 이 때에 내가 너를 지켜 줄 것이
고 등등 이렇게 표현이 되었을 것이다

그런데 한마디로 땅에 거하는 모든 사람을 시험하는 그 때를 면
케 하여준다는 것은 그 표를 강제로 모든 자에게 받게 하기 전에
이 공중휴거가 일어날 가능성이 가장 많다는 것이다. 할렐루야.

(ii) 두 번째로 왜 이 공중휴거가 대환란 전인가 하는 것이다.

주님은 빌라델비아교회 교인들에게 내가 너희에게는 '열린 문을
두었다'라고 말씀하고 있다는 사실이다.

[계 3:7-8]
(7) 빌라델비아 교회의 사자에게 편지하기를 거룩하고 진실하사 다윗의
열쇠를 가지신 이 곧 열면 닫을 사람이 없고 닫으면 열 사람이 없는 그
이가 가라사대 (8) 볼지어다 내가 네 앞에 열린 문을 두었으되 능히 닫
을 사람이 없으리라 내가 네 행위를 아노니 네가 적은 능력을 가지고도
내 말을 지키며 내 이름을 배반치 아니하였도다

주님은 이 열린 문의 의미를 나에게 천상에서 두 가지로 가르쳐
주셨다.

첫째는 열린 문의 의미는 주님께서 말씀하시기를 이 빌라델비아

교회 교인들에게는 휴거의 문이 열려 있다는 것이다. 즉 이들이 휴거된다는 것이었다.

할렐루야. 이 말씀은 빌라델비아 교회 교인들은 장차 온 땅에 임하는 시험의 때를 면하게 하여 준다는 말과 일치하고 있다.

두 번째로 이 열린 문의 의미를 주님은 다음과 같은 의미라고 하셨다. 계시록 22장 14절 말씀이다.

[계 22:14]
(14)그 두루마기를 빠는 자들은 복이 있으니 이는 저희가 생명나무에 나아가며 문들을 통하여 성에 들어갈 권세를 얻으려 함이로다

즉 이들에게는 이 성에 들어갈 권세가 주어져 있다고 말씀하셨다. 할렐루야.

그러므로 빌라델비아 교회 교인들에게는 휴거에 대한 문이 열려 있고 그 휴거는 온 세상에 임하여 땅의 모든 사람들을 시험할 그 때를 면케 하여 주시겠다고 하신 것이다. 그뿐 아니라 이들에게는 새 하늘과 새 땅에서 새 예루살렘 성안에 들어가는 문이 활짝 열려 있다는 것이다. 할렐루야.

(iii) 세 번째로 왜 공중휴거가 대환난 전인가 하는 것이다.

그것은 계시록 7장에서 드러난다.

[계 7:3-14]

(3)가로되 우리가 우리 하나님의 종들의 이마에 인치기까지 땅이나 바다나 나무나 해하지 말라 하더라 (4)내가 인 맞은 자의 수를 들으니 이스라엘 자손의 각 지파 중에서 인 맞은 자들이 십 사만 사천이니 (5)유다 지파 중에 인 맞은 자가 일만 이천이요 르우벤 지파 중에 일만 이천이요 갓 지파 중에 일만 이천이요 (6)아셀 지파 중에 일만 이천이요 납달리 지파 중에 일만 이천이요 므낫세 지파 중에 일만 이천이요 (7)시므온 지파 중에 일만 이천이요 레위 지파 중에 일만 이천이요 잇사갈 지파 중에 일만 이천이요 (8)스불론 지파 중에 일만 이천이요 요셉 지파 중에 일만 이천이요 베냐민 지파 중에 인 맞은 자가 일만 이천이라

(9)이 일 후에 내가 보니 각 나라와 족속과 백성과 방언에서 아무라도 능히 셀 수 없는 큰 무리가 흰 옷을 입고 손에 종려 가지를 들고 보좌 앞과 어린 양 앞에 서서 (10)큰 소리로 외쳐 가로되 구원하심이 보좌에 앉으신 우리 하나님과 어린 양에게 있도다 하니 (11)모든 천사가 보좌와 장로들과 네 생물의 주위에 섰다가 보좌 앞에 엎드려 얼굴을 대고 하나님께 경배하여 (12)가로되 아멘 찬송과 영광과 지혜와 감사와 존귀와 능력과 힘이 우리 하나님께 세세토록 있을지로다 아멘 하더라 (13)장로 중에 하나가 응답하여 내게 이르되 이 흰옷 입은 자들이 누구며 또 어디서 왔느뇨 (14)내가 가로되 내 주여 당신이 알리이다 하니 그가 나더러 이르되 이는 큰 환난에서 나오는 자들인데 어린양의 피에 그 옷을 씻어 희게 하였느니라

여기서 계시록 7장에서는 하나님의 종들의 이마에 인을 친다. 이 하나님의 종들은 유대인들 십사만사천을 포함하여 이방인들이

함께 포함된 말임이 확실하다. 왜냐하면 지금 이 시대에 하나님의 종들이 유대인들보다도 이방인들이 훨씬 더 많다.

이 하나님의 종들의 이마에 인을 치는 사건은 하늘에서 여섯째 인을 뗀 이후다.

지금 우리는 현재 전 세계의 돌아가는 현상들을 보고 여섯째 인을 뗀 상태라고 보고 있다.

현재 전 세계에 하나님의 종들이 유대인들이 많은가 이방인들이 많은가? 당연히 이방인들이 많다.

그런데 하나님의 종들의 이마에 인을 치라 하여 놓고 사도 요한은 유독 인 맞은 유대인들의 숫자만을 말하고 있는 것을 본다.

그러므로 이 숫자는 인을 맞은 유대인들만의 숫자인 것을 알 수 있다.

[계 7:4-8]

(4) 내가 인 맞은 자의 수를 들으니

　이스라엘 자손의 각 지파 중에서 인 맞은 자들이 십사만 사천이니

(5) 유다 지파 중에 인 맞은 자가 일만 이천이요

　르우벤 지파 중에 일만 이천이요 갓 지파 중에 일만 이천이요

(6) 아셀 지파 중에 일만 이천이요

　납달리 지파 중에 일만 이천이요

　므낫세 지파 중에 일만 이천이요

(7) 시므온 지파 중에 일만 이천이요

　레위 지파 중에 일만 이천이요

　잇사갈 지파 중에 일만 이천이요

(8) 스불론 지파 중에 일만 이천이요

　　요셉 지파 중에 일만 이천이요

　　베냐민 지파 중에 인 맞은 자가 일만 이천이라

그리고 그 다음에는 갑자기 9절에서 능히 셀 수 없는 큰 무리를 말한다. 이들은 인 맞은 십사만사천의 유대인들 외에 이방인들의 수를 말한다 할 수 있는 것이다.

왜냐하면 각 나라와 족속과 백성과 방언에서 아무라도 능히 셀 수 없는 무리라고 하고 있기 때문이다. 십사만사천은 셀 수 있다. 그러나 이들은 정말 셀 수 없는 큰 무리들인 것을 알 수 있다.

[계7:9-12]

(9)이 일 후에 내가 보니 각 나라와 족속과 백성과 방언에서 아무라도 능히 셀 수 없는 큰 무리가 흰 옷을 입고 손에 종려 가지를 들고 보좌 앞과 어린 양 앞에 서서 (10)큰 소리로 외쳐 가로되 구원하심이 보좌에 앉으신 우리 하나님과 어린 양에게 있도다 하니 (11)모든 천사가 보좌와 장로들과 네 생물의 주위에 섰다가 보좌 앞에 엎드려 얼굴을 대고 하나님께 경배하여 (12)가로되 아멘 찬송과 영광과 지혜와 감사와 존귀와 능력과 힘이 우리 하나님께 세세토록 있을지로다 아멘 하더라

그러면 이들은 누구인가 하는 것이다.

그 아래에 이렇게 말한다.

[계 7:13-14]

(13)장로 중에 하나가 응답하여 내게 이르되 이 흰옷 입은 자들이 누구
며 또 어디서 왔느뇨 (14)내가 가로되 내 주여 당신이 알리이다 하니 그
가 나더러 이르되 이는 큰 환난에서 나오는 자들인데 어린양의 피에 그
옷을 씻어 희게 하였느니라

즉 이들은 큰 환난에서 나오는 자들인 것이다. 그러면서 이들은
어린양의 피에 그 옷을 씻어서 희게 한 자들이라는 것이다. 할렐
루야. 아멘.

그러면 이 십사만사천의 유대인들은 어떻게 되는 것인가?
즉 대환난을 통과하는가 아니면 그전에 휴거되는가 하는 것이다.
왜냐하면 앞쪽에서 대환난(적그리스도의 후삼년반 기간) 전에
공중휴거가 있을 것이라 보았기 때문이다.

그런데 이 십사만사천이 다시 계시록 어디에 나오는가 하면
계시록 14장에서 나온다.

[계 14:1-5]

(1)또 내가 보니 보라 어린 양이 시온산에 섰고 그와 함께 십 사만 사천
이 섰는데 그 이마에 어린 양의 이름과 그 아버지의 이름을 쓴 것이 있
도다 (2)내가 하늘에서 나는 소리를 들으니 많은 물소리도 같고 큰 뇌성
도 같은데 내게 들리는 소리는 거문고 타는 자들의 그 거문고 타는 것
같더라 (3)저희가 보좌와 네 생물과 장로들 앞에서 새 노래를 부르니 땅

에서 구속함을 얻은 십 사만 사천인 밖에는 능히 이 노래를 배울 자가 없더라 (4)이 사람들은 여자로 더불어 더럽히지 아니하고 정절이 있는 자라 어린 양이 어디로 인도하든지 따라가는 자며 사람 가운데서 구속을 받아 처음 익은 열매로 하나님과 어린 양에게 속한 자들이니 (5)그 입에 거짓말이 없고 흠이 없는 자들이더라

그러면 여기서 말하는 십사만사천이 계시록 7장에서 말하는 십사만사천인가 하는 것이다.
지금 사도 요한은 이 십사만사천이 하늘 보좌에 올라간 것을 본 것이다.
이 사건은 계시록 13장에서
적그리스도와 거짓선지자가 이 세상의 모든 자에게 짐승의 우상에게 절하게 하고 짐승의 표 즉 666표를 받게 하는 사건 이후에 바로 일어나는 사건으로 기록하고 있는 것이다.

[계 13:15-18]
(15)저가 권세를 받아 그 짐승의 우상에게 생기를 주어 그 짐승의 우상으로 말하게 하고 또 짐승의 우상에게 경배하지 아니하는 자는 몇이든지 다 죽이게 하더라 (16)저가 모든 자 곧 작은 자나 큰 자나 부자나 빈궁한 자나 자유한 자나 종들로 그 오른손에나 이마에 표를 받게 하고 (17)누구든지 이 표를 가진 자 외에는 매매를 못하게 하니 이 표는 곧 짐승의 이름이나 그 이름의 수라 (18)지혜가 여기 있으니 총명 있는 자는 그 짐승의 수를 세어 보라 그 수는 사람의 수니 육백 육십 륙이니라

그러므로 이 유대인의 십사만사천은 이 대환난기 즉 666표를 강제로 받게 하는 시기를 지나서 하늘 보좌로 올라가는 것으로 보인다.

그러면 이 십사만사천은 도대체 대환난 기간 동안 어디에 있다가 또한 이 적그리스도와 거짓선지자들로부터 강제로 짐승의 표를 받도록 강요당하는가 하는 것이다.

여기서 아닌 것을 증명하여 보고자 한다.

1. 이마에 하나님의 이름과 어린양의 이름이 써 있다 하였다. 이것이 이마에 인을 친 증거라 볼 수 있는 것이다. 할렐루야.

2. 다섯째 나팔이 불리워지면 황충재앙이 일어나는데 이 때에 인맞지 않은 자만 해치라 하였으니 이 때에 유대인의 십사만사천도 있는 것을 알 수 있다.

[계 9:1-4]
(1)다섯째 천사가 나팔을 불매 내가 보니 하늘에서 땅에 떨어진 별 하나가 있는데 저가 무저갱의 열쇠를 받았더라 (2)저가 무저갱을 여니 그 구멍에서 큰 풀무의 연기 같은 연기가 올라오매 해와 공기가 그 구멍의 연기로 인하여 어두워지며 (3)또 황충이 연기 가운데로부터 땅 위에 나오매 저희가 땅에 있는 전갈의 권세와 같은 권세를 받았더라 (4)저희에게 이르시되 땅의 풀이나 푸른 것이나 각종 수목은 해하지 말고 오직

이마에 하나님의 인 맞지 아니한 사람들만 해하라 하시더라

3. 계시록 12장에서 해를 입은 여자는 주님이 이스라엘이라 하였는데 이 여자가 하나님께서 마련하신 광야의 예비처로 한때 두때 반때를 양육받는다 하였다.
이 한때 두때 반때는 정확히 삼년반으로서 적그리스도의 후삼년반 즉 대환난 시기를 말한다 할 수 있다.

[계 12:12-14]
(12)그러므로 하늘과 그 가운데 거하는 자들은 즐거워하라 그러나 땅과 바다는 화 있을진저 이는 마귀가 자기의 때가 얼마 못된 줄을 알므로 크게 분내어 너희에게 내려 갔음이라 하더라 (13)용이 자기가 땅으로 내어쫓긴 것을 보고 남자를 낳은 여자를 핍박하는지라 (14)그 여자가 큰 독수리의 두 날개를 받아 광야 자기 곳으로 날아가 거기서 그 뱀의 낯을 피하여 한 때와 두 때와 반 때를 양육 받으매

그러므로 적그리스도의 후삼년 반 시기 즉 666표를 강제로 받게 하는 시기에 하나님께서는 이스라엘의 십사만사천을 광야에 후삼년 반 동안 숨겨두셔서 양육하는 것을 알 수 있다.
그리고 이 강제로 666표를 받게 하는 시기가 지나고 나면 이들이 가장 먼저 하나님 보좌 앞으로 올리워 간다. 이들은 여자에 의하여 더럽힘을 받지 아니한 즉 세상으로부터 더럽힘을 받지 아니한 그리고 입술에 거짓이 없는 자들로서 적그리스도의 기간 중 후삼년 반 후에 일어나는 알곡을 추수하는 과정에서 처음 익은

열매들로 하늘로 올리워가는 것을 알 수 있다. 할렐루야.

위의 것을 또 하나의 휴거라 보면 이 휴거는 언제 일어나느냐 하는 것인데 이 휴거는 일곱째 나팔이 불리워지고 적그리스도의 후삼년 반이 끝나는 무렵 즉 일곱 대접재앙이 시작되기 바로 직전에 일어나는 것으로 보인다.

즉 이 십사만사천은 처음 익은 열매로 시온산에 섰다가 하나님의 보좌 앞으로 먼저 끌려 올라가고 그 다음 적그리스도의 후삼년 반 즉 666표를 강제로 받게 하는 대환난을 거치면서 짐승과 짐승의 우상에게 절하지 않고 이마나 손에 표를 받지 아니한 자들이 그 다음 추수되어 끌려 올려져 가고 있는 것을 본다.

[계 14:6-16]

(6)또 보니 다른 천사가 공중에 날아가는데 땅에 거하는 자들 곧 여러 나라와 족속과 방언과 백성에게 전할 영원한 복음을 가졌더라 (7)그가 큰 음성으로 가로되 하나님을 두려워하며 그에게 영광을 돌리라 이는 그의 심판하실 시간이 이르렀음이니 하늘과 땅과 바다와 물들의 근원을 만드신 이를 경배하라 하더라 (8)또 다른 천사 곧 둘째가 그 뒤를 따라 말하되 무너졌도다 무너졌도다 큰 성 바벨론이여 모든 나라를 그 음행으로 인하여 진노의 포도주로 먹이던 자로다 하더라 (9)또 다른 천사 곧 세째가 그 뒤를 따라 큰 음성으로 가로되 만일 누구든지 짐승과 그의 우상에게 경배하고 이마에나 손에 표를 받으면 (10)그도 하나님의 진노의 포도주를 마시리니 그 진노의 잔에 섞인 것이 없이 부은 포도주라 거룩한 천사들 앞과 어린 양 앞에서 불과 유황으로 고난을 받으리니 (11)그 고난의 연기가 세세토록 올라가리로다 짐승과 그의 우상에게 경

배하고 그 이름의 표를 받는 자는 누구든지 밤낮 쉼을 얻지 못하리라 하더라 (12)성도들의 인내가 여기 있나니 저희는 하나님의 계명과 예수 믿음을 지키는 자니라 (13)또 내가 들으니 하늘에서 음성이 나서 가로되 기록하라 지금 이 후로 주 안에서 죽는 자들은 복이 있도다 하시매 성령이 가라사대 그러하다 저희 수고를 그치고 쉬리니 이는 저희의 행한 일이 따름이라 하시더라 (14)또 내가 보니 흰 구름이 있고 구름 위에 사람의 아들과 같은 이가 앉았는데 그 머리에는 금 면류관이 있고 그 손에는 이한 낫을 가졌더라 (15)또 다른 천사가 성전으로부터 나와 구름 위에 앉은 이를 향하여 큰 음성으로 외쳐 가로되 네 낫을 휘둘러 거두라 거둘 때가 이르러 땅에 곡식이 다 익었음이로다 하니 (16)구름 위에 앉으신 이가 낫을 땅에 휘두르매 곡식이 거두어지니라

즉 처음 익은 열매로서 인 맞은 유대인 14만 4천이 먼저 올라가고 그 다음 곡식을 거두는 장면이 계시록 14장 14에서부터 16절에 나온다.
그리고 우리는 여기서 짐승의 표를 강제로 받게 할 때에 손이나 이마에 그 표를 받지 아니한 자들이 추수되는 이 장면과 계시록 7장에서 말하는 '큰 환난에서 나오는 흰 옷 입은 큰 무리들'과 일치하는 것을 보는 것이다.
할렐루야.

[계 7:13-14]
(13)장로 중에 하나가 응답하여 내게 이르되 이 흰옷 입은 자들이 누구며 또 어디서 왔느뇨 (14)내가 가로되 내 주여 당신이 알리이다 하니 그

가 나더러 이르되 이는 큰 환난에서 나오는 자들인데 어린양의 피에 그
옷을 씻어 희게 하였느니라

그러므로 휴거가 대환난 후 일곱 대접재앙이 시작되기 전에 즉
주님의 지상재림 전에 또 한번 크게 일어난다고 볼 수 있다.
그리고서는 불을 다스리는 천사가 나와서 심판하는 장면을 본다.

[계 14:18-19]
(18)또 불을 다스리는 다른 천사가 제단으로부터 나와 이한 낫 가진 자
를 향하여 큰 음성으로 불러 가로되 네 이한 낫을 휘둘러 땅의 포도송
이를 거두라 그 포도가 익었느니라 하더라 (19)천사가 낫을 땅에 휘둘러
땅의 포도를 거두어 하나님의 진노의 큰 포도주 틀에 던지매

이들은 누구인가? 적그리스도의 후삼년 반 기간 동안 짐승과 짐
승의 우상에게 경배하고 이마에나 손에 표를 받은 자들인 것이다.

[계 14:9-10]
(9)또 다른 천사 곧 세째가 그 뒤를 따라 큰 음성으로 가로되 만일 누구
든지 짐승과 그의 우상에게 경배하고 이마에나 손에 표를 받으면 (10)그
도 하나님의 진노의 포도주를 마시리니 그 진노의 잔에 섞인 것이 없이
부은 포도주라 거룩한 천사들 앞과 어린 양 앞에서 불과 유황으로 고난
을 받으리니

즉 짐승과 그의 우상에게 경배하고 이마에나 손에 표를 받은 자

들이 불을 다스리는 천사에 의하여 거두어져서 하나님의 진노의
포도주 틀에 던져진다. 즉 이들이 지상에서 일곱 대접 재앙을 받
게 되는 것이다.

그리고 이들은 거룩한 천사들 앞과 어린양 앞에서 불과 유황으
로 고난을 받게 될 것이다.

이것이 또한 마태복음에서 소위 세례 요한이 말하는 주님의 타
작마당과 일치하고 있다.

[마 3:11-12]
(11)나는 너희로 회개케 하기 위하여 물로 세례를 주거니와 내 뒤에 오
시는 이는 나보다 능력이 많으시니 나는 그의 신을 들기도 감당치 못하
겠노라 그는 성령과 불로 너희에게 세례를 주실 것이요 (12)손에 키를
들고 자기의 타작 마당을 정하게 하사 알곡은 모아 곡간에 들이고 쭉정
이는 꺼지지 않는 불에 태우시리라

그러므로 주님의 타작마당에서 이는 적그리스도의 후삼년 반 동
안 쭉정이들은 그들의 잠깐의 편리와 유익을 위하여 짐승의 우
상에게 절하고 이마나 손에 표를 받는 자들인 것이다.

즉 이 주님의 타작마당이 대환난을 거치면서 알곡과 쭉정이를
가르는 것이라면 공중휴거는 대환난 전에 일어나는 것으로 보이
는 것이다.

즉 이 공중휴거가 대환난 전에 있을 것을 말하고 있는 성경구절 계시록 3장 10절을 보면

계 3:10 네가 나의 인내의 말씀을 지켰은즉 내가 또한 너를 지키어 시험의 때를 면하게 하리니 이는 장차 온 세상에 임하여 땅에 거하는 자들을 시험할 때라

즉 이들은 이 시험의 때 즉 666표를 강제로 받게 하는 시기 적그리스도의 후삼년 반 시기
즉 대환난을 피하여 그 이전에 공중으로 휴거되어진다고 보는 것이다.

이 공중휴거가 주님의 타작마당인 후 삼년 반에 알곡과 쭉정이를 가르는 대환난의 시기 후에 일어나는 휴거와 다른 점은 대환난 전에 일어나는 공중휴거 때에는 주님이 주안에서 먼저 죽은 자들을 부활시키셔서 구름위에 데리고 공중에 임하신다는 것이다. 그리고 땅위에 하나님의 말씀을 인내로 지켜낸 자들이 홀연히 변화하여 공중에서 주를 영접하게 될 것이다. 할렐루야.

그러므로 대환난 전에 일어나는 공중휴거와 주님의 타작마당에서 알곡들의 추수 즉 대환난 후에 일어나는 휴거는 다른 것이다.

또한 여기서 주목하여 볼 것은 계시록 7장에서 큰 환난에서 나오는 무리속에 이 먼저 주안에서 죽은 자가 부활하여 오는 숫자가

빠져 있는 것이 또한 공중휴거와 알곡추수로 일어나는 휴거가 다르다는 것을 말하고 있다.
할렐루야.

계시록 7장에서 나오는 큰 환난에서 나오는 어린양의 피에 그 옷을 빤 자들이 바로 계시록 14장 14-16절에 나오는 구름 위에 앉은 이가 추수하는 알곡들인 것이다.
할렐루야.

그러면 이 대환난 전에 공중휴거된 자들과 대환난 후 구름위에 앉은 이가 추수하는 알곡들은 어디로 가나 하는 것이다.

그들이 휴거된 후 말이다.
그것은 이들 모두가 휴거된 후에 하늘의 보좌로 가서 앉아 있는 것으로 보인다.
왜냐하면 계시록 20장 4절에 그들이 보좌에 앉아서 심판하는 권세를 가진 자들로서 천년왕국 때에 내려오기 때문이다.

그러므로 휴거는 크게 대환난 전 소위 우리가 말하는 공중휴거와 대환난 직후에 일어나는 처음익은 열매로 십사만사천의 휴거와 그리고 짐승과 짐승의 우상에게 절하지 않고 이마나 손에 표를 받지 않은 알곡추수 휴거로 두 번에 걸쳐 일어난다고 말할 수 있다.

7. 첫째부활과 천년왕국

I. 첫째부활

첫째부활에 참여하는 자들은 참으로 복이 있는 자들이다. 왜냐하면 이들이 천년왕국에 들어가기 때문이다.

[계 20:4-6]
(4)또 내가 보좌들을 보니 거기 앉은 자들이 있어 심판하는 권세를 받았더라 또 내가 보니 예수의 증거와 하나님의 말씀을 인하여 목 베임을 받은 자의 영혼들과 또 짐승과 그의 우상에게 경배하지도 아니하고 이마와 손에 그의 표를 받지도 아니한 자들이 살아서 그리스도로 더불어 천년 동안 왕 노릇하니 (5)(그 나머지 죽은 자들은 그 천년이 차기까지 살지 못하더라) 이는 첫째 부활이라 (6)이 첫째 부활에 참예하는 자들은 복이 있고 거룩하도다 둘째 사망이 그들을 다스리는 권세가 없고 도리어 그들이 하나님과 그리스도의 제사장이 되어 천년 동안 그리스도로 더불어 왕 노릇 하리라

5절에 '그 나머지 죽은 자들은 그 천년이 차기까지 살지 못하더라'하였고 이는 첫째 부활이라 하였다.

그러면 둘째부활은 언제 일어나는가?

그것은 백보좌 심판때이다.

왜냐하면 계시록 20장에 12절에 죽은 자들이 무론대소하고 그 보좌앞에 섰다라고 말하고 있기 때문이다.

[계 20:11-15]

(11)또 내가 크고 흰 보좌와 그 위에 앉으신 자를 보니 땅과 하늘이 그 앞에서 피하여 간데 없더라 (12)또 내가 보니 죽은 자들이 무론대소하고 그 보좌 앞에 섰는데 책들이 펴 있고 또 다른 책이 펴졌으니 곧 생명책이라 죽은 자들이 자기 행위를 따라 책들에 기록된 대로 심판을 받으니 (13)바다가 그 가운데서 죽은 자들을 내어주고 또 사망과 음부도 그 가운데서 죽은 자들을 내어주매 각 사람이 자기의 행위대로 심판을 받고 (14)사망과 음부도 불못에 던지우니 이것은 둘째 사망 곧 불못이라 (15)누구든지 생명책에 기록되지 못한 자는 불못에 던지우더라

우리가 예수 믿고 참으로 위안이 되는 것은 우리가 새로운 몸으로 부활한다는 사실이다.

우리는 지금의 썩고 죽고 없어질 몸을 벗고 영원히 썩지 않고 죽지 않는 몸을 입게 되는 것이다. 이것이 부활이다.

이 부활의 첫 열매가 바로 예수 그리스도이시다. 그는 십자가에 못박혀 죽으신지 삼일만에 다시 살아 나셨다. 그 몸은 부활의 몸으로 영원히 죽지 않고 썩지 않는 몸으로 우리 모두의 부활의 첫 열매가 되신 것이다.

[고전 15:14-20]

(14)그리스도께서 만일 다시 살지 못하셨으면 우리의 전파하는 것도 헛 것이요 또 너희 믿음도 헛것이며 (15)또 우리가 하나님의 거짓 증인으로 발견되리니 우리가 하나님이 그리스도를 다시 살리셨다고 증거하였음 이라 만일 죽은 자가 다시 사는 것이 없으면 하나님이 그리스도를 다시 살리시지 아니하셨으리라 (16)만일 죽은 자가 다시 사는 것이 없으면 그 리스도도 다시 사신 것이 없었을 터이요 (17)그리스도께서 다시 사신 것 이 없으면 너희의 믿음도 헛되고 너희가 여전히 죄 가운데 있을 것이요 (18)또한 그리스도 안에서 잠자는 자도 망하였으리니 (19)만일 그리스도 안에서 우리의 바라는 것이 다만 이생 뿐이면 모든 사람 가운데 우리가 더욱 불쌍한 자리라 (20)그러나 이제 그리스도께서 죽은 자 가운데서 다시 살아 잠자는 자들의 첫 열매가 되셨도다

할렐루야.
우리 주님은 우리에게 부활을 약속하고 계신다. 그러므로 예수 의 부활이 없으면 우리의 믿음도 헛것이다.
우리는 지금의 죽고 썩고 없어질 몸을 벗고 영원히 썩지 않는 부 활의 몸을 입고 영원히 주님과 함께 살게 될 것이다.

[고전 15:22-26]

(22)아담 안에서 모든 사람이 죽은 것같이 그리스도 안에서 모든 사람 이 삶을 얻으리라 (23)그러나 각각 자기 차례대로 되리니 먼저는 첫 열 매인 그리스도요 다음에는 그리스도 강림하실 때에 그에게 붙은 자요 (24)그 후에는 나중이니 저가 모든 정사와 모든 권세와 능력을 멸하시

고 나라를 아버지 하나님께 바칠 때라 (25)저가 모든 원수를 그 발아래
둘 때까지 불가불 왕 노릇 하시리니 (26)맨 나중에 멸망 받을 원수는 사
망이니라

여기서 각 구절을 한번 보자.
22절 : 아담 안에서 모든 사람이 죽은 것같이 그리스도 안에서 모
든 사람이 삶을 얻으리라.

아담 안에서 우리 모든 사람이 죽게 되었다. 즉 영적죽음과 육적
죽음이 찾아왔다.
그러나 그리스도 안에서는 모든 사람이 삶을 얻었다라고 말하는
데 이것은 영적으로도 다시 살아남과 그리고 육적으로도 다시
영원히 죽지 않는 부활의 몸을 입을 것을 말하고 있다.
23절 : 그러나 각각 자기 차례대로 되리니 먼저는 첫 열매인 그리
스도요 다음에는 그리스도 강림하실 때에 그에게 붙은 자요

부활의 첫 열매는 예수 그리스도이시다. 그리고 그 다음 순서는
첫째부활에 참여하는 모든 자들인 것이다. 첫째부활에 누가 참
여하는가 하는 것은 뒤에 나온다.

24절-26절 : 그 후에는 나중이니 저가 모든 정사와 모든 권세와
능력을 멸하시고 나라를 아버지 하나님께 바칠 때라 저가 모든
원수를 그 발아래 둘 때까지 불가불 왕 노릇 하시리니 맨 나중에
멸망 받을 원수는 사망이니라.

이 때가 바로 백보좌 심판 때를 말하는 것으로서 둘째부활이라 할 수 있다.

예수 그리스도가 천년왕국에서 왕 노릇 하시고 그 이후 천년왕국 이후에 잠깐 곡과 마곡전쟁이 일어난 후에 사단이 영원히 불못에 던져지게 되고 그리고 가장 나중에 멸망하는 원수는 바로 사망인 것이다.

[계 20:12-14]
(12)또 내가 보니 죽은 자들이 무론대소하고 그 보좌 앞에 섰는데 책들이 펴 있고 또 다른 책이 펴졌으니 곧 생명책이라 죽은 자들이 자기 행위를 따라 책들에 기록된 대로 심판을 받으니 (13)바다가 그 가운데서 죽은 자들을 내어주고 또 사망과 음부도 그 가운데서 죽은 자들을 내어주매 각 사람이 자기의 행위대로 심판을 받고 (14)사망과 음부도 불못에 던지우니 이것은 둘째 사망 곧 불못이라

할렐루야.

그리고 주님은 요한복음에서 말씀하시기를 '내가 그를 마지막 날에 다시 살리리라'하시는 말씀을 한번 보자.

[요 6:40]
내 아버지의 뜻은 아들을 보고 믿는 자마다 영생을 얻는 이것이니 마지막 날에 내가 이를 다시 살리리라 하시니라

이것은 성도의 부활을 말한다. 이것에 우리 주님은 부활의 첫 열매가 되신 것이다.

그러면 계시록 20장 4절에 말하는 첫째부활에 참여되는 자들이 누구인지 성경에서 한번 찾아 보자.

우리 주님은 우리에게 이 첫째부활에 참여되는 자들이 복이 있다고 하신다(계 20:6).
그러므로 우리는 이 첫째 부활에 참여하도록 노력하여야 할 것이다.

계시록 20장 4절 이하를 다시 한번 보자.

[계 20:4]
나는 또 많은 높은 좌석과 그 위에 앉아 있는 사람들을 보았습니다. 그들은 심판할 권한을 받은 사람들이었습니다. 또 예수께서 계시하신 진리와 하느님의 말씀을 전파했다고 해서 목을잘리운 사람들의 영혼을 보았습니다. 그들은 그 짐승이나 그의 우상에게 절을 하지 않고 이마와 손에 낙인을 받지 않은 사람들입니다. 그들은 살아나서 그리스도와 함께 천 년 동안 왕노릇을 하였습니다 [공동번역]
And I saw thrones, and they sat upon them, and judgment was given unto them: and [I saw] the souls of them that were beheaded for the witness of Jesus, and for the word of God, and which had not worshipped the beast, neither his image, neither had received [his]

mark upon their foreheads, or in their hands; and they lived and reigned with Christ a thousand years [KJV]

[계 20:4-6]

(4)또 내가 보좌들을 보니 거기 앉은 자들이 있어 심판하는 권세를 받았더라 또 내가 보니 예수의 증거와 하나님의 말씀을 인하여 목 베임을 받은 자의 영혼들과 또 짐승과 그의 우상에게 경배하지도 아니하고 이마와 손에 그의 표를 받지도 아니한 자들이 살아서 그리스도로 더불어 천년 동안 왕 노릇하니 (5) (그 나머지 죽은 자들은 그 천년이 차기까지 살지 못하더라) 이는 첫째 부활이라 (6) 이 첫째 부활에 참예하는 자들은 복이 있고 거룩하도다 둘째 사망이 그들을 다스리는 권세가 없고 도리어 그들이 하나님과 그리스도의 제사장이 되어 천년 동안 그리스도로 더불어 왕 노릇 하리라 [개역개정]

계시록 20장 4절이 개역개정에서 잘못 번역되어 있어서 공동번역과 king james version (KJV) 을 여기에다가 썼다.

개역개정에서는 첫째부활에 참여되는 그룹이 세 그룹처럼 번역이 되었는데 그러나 공동번역과 영어로 보면 두 그룹밖에 없다. 보좌에 앉은 자들과 그리고 짐승과 짐승의 우상에게 절하지 않고 이마나 손에 표를 받지 않은 순교한 그룹 두 그룹뿐이다.

이 첫째부활에 참여하는 자들이 복이 있는데 왜냐하면 둘째사망이 그들을 건드리지 못하기 때문이라는 것이다. 둘째 사망은 영원한 불못에 던져지는 것을 말한다.

그리고 이 첫째부활에 참여되는 자들은 그리스도로 더불어 천년 동안 왕노릇하게 되는 것이다. 할렐루야.

그리고 이 첫째 부활에 참가하지 못한 영혼들은 천년이 차기까지 부활하지 못한다고 되어 있다.

그러면 우리가 여기서 유념하게 보아야 할 것은 어떤 자들이 첫째부활에 속하여 천년왕국에 들어가는가 하는 것이다.

이들은 소위 이기는 자들의 삶을 사는 자들이다.

그러나 이기지 못하는 삶을 살은 자들은 이 천년왕국에 들어가지 못한다.

그러면 이 이기지 못하는 삶을 살아서 첫째부활에 참여되지 못한 자들은 언제 부활하는가?

이들은 이 천년이 끝나고 사단이 잠깐 풀어져서 곡과 마곡을 유혹하여 곡과 마곡전쟁을 일으키고 난 다음에 사단이 영원한 불못에 던져지고 그 다음 처음 하늘과 땅이 없어진 후에 백보좌 심판 때에 부활하게 될 것이다.

(i) 그러면 첫째 부활에 참여하는 자들은 누구인가?

계시록 20장 4절을 보면 두 그룹이 있다.

[계 20:4]
나는 또 많은 높은 좌석과 그 위에 앉아 있는 사람들을 보았습니다. 그들

은 심판할 권한을 받은 사람들이었습니다. 또 예수께서 계시하신 진리와 하느님의 말씀을 전파했다고 해서 목을잘리운 사람들의 영혼을 보았습니다. 그들은 그 짐승이나 그의 우상에게 절을 하지 않고 이마와 손에 낙인을 받지 않은 사람들입니다. 그들은 살아나서 그리스도와 함께 천 년 동안 왕노릇을 하였습니다 [공동번역]

첫째는 보좌에 앉은 그룹이다.
그러면 이 보좌에 앉은 자들이 누구인가 하는 것이다.

[계 3:21]
이기는 그에게는 내가 내 보좌에 함께 앉게 하여주기를 내가 이기고 아버지 보좌에 함께 앉은 것과 같이 하리라

이 내용은 예수 그리스도께서 마지막 시대의 일곱 교회에 보내는 편지 속에서 덥지도 않고 차지도 않은 라오디게아교회 교인들에게 보내는 편지에서 말씀하신 것이다.
주님은 덥지도 않고 차지도 않게 신앙생활을 하고 있는 라오디게아 교회 교인들에게 이렇게 말씀한다. 회개하라 돌이키라 열심을 내라 이기는 그에게는 내가 내 보좌에 함께 앉게 하여주기를 내가 이기고 아버지 보좌에 함께 앉은 것과 같이 하여 주시겠다고 말씀하고 계시는 것이다.

그러면 여기서 이기는 자는 어떤 자들인가?

[계 3:20]
볼지어다 내가 문밖에 서서 두드리노니 누구든지 내 음성을 듣고 문을 열면 내가 그에게로 들어가 그로 더불어 먹고 그는 나로 더불어 먹으리라

그들은 주님을 그들 안에 모셔들여 사는 자들이다.
예수님이 우리를 주장하는 삶을 사는 자들이 바로 이기는 자들에 속하는 것이다.
미지근한 신앙에서 뜨거운 신앙으로 옮겨져야 이기는 자들이 되는 것이다.
할렐루야.

그러므로 계시록에서 말하는 첫째부활에 속하는 첫 번째 그룹, 즉 보좌에 앉은 자들이 누구냐 하는 것이다.

1. 공중휴거가 일어날 때 참여된 자들이다.

즉 주님이 공중재림하실 때에 주님이 죽은 자들을 먼저 부활시켜서 데리고 오시는데 그 때의 흰 옷 입은 무리들과 또한 지상에서 살아 있는 자 중에서 휴거되는 자들인 것이다.

[살전 4: 16-18]
(16)주께서 호령과 천사장의 소리와 하나님의 나팔로 친히 하늘로 좇아 강림하시리니 그리스도 안에서 죽은 자들이 먼저 일어나고 (17)그 후에 우리 살아 남은 자도 저희와 함께 구름 속으로 끌어 올려 공중에서 주

를 영접하게 하시리니 그리하여 우리가 항상 주와 함께 있으리라 (18)그러므로 이 여러 말로 서로 위로하라

그러면 우리가 끌어올려질 때에 산채로 올라가는데 그러나
어떻게 변화하느냐 하면

[고전 15:51-52]
(51) 보라 내가 너희에게 비밀을 말하노니 우리가 다 잠잘 것이 아니요
마지막 나팔에 순식간에 홀연히 다 변화하리니 (52) 나팔 소리가 나매
죽은 자들이 썩지 아니할 것으로 다시 살고 우리도 변화하리라

즉 우리는 이기는 자의 삶을 산 자들은 이 공중휴거 될 때에 주님
이 부활시켜서 데리고 오시는 흰 옷 입은 무리속에 속할 것이고
또한 주님오시는 날에 이기는 자의 삶을 살고 있는 자는 그날에
홀연히 변화하여 공중에서 주를 맞이하게 될 것이다.
할렐루야.

그러면 이들이 공중으로 끌어올려져서 뭘 하는가?
공중에서 주를 뵙고 주님이 지상재림하실 때까지 공중에서 혼인
잔치하고 있는가?
아니다. 그렇지 않다.

이들은 공중에서 혼인잔치하는 것이 아니라 오늘 성경을 보면
주님이 앉는 보좌에 앉는 것으로 보인다.

왜냐하면 주님께서 이기는 그를 내가 내 보좌에 함께 앉게 하여 주기를 내가 이기고 아버지의 보좌에 함께 앉은 것과 같이 하리라 라고 말씀하고 있기 때문이다 (계 3:21)

즉 이들은 공중으로 끌어올려져서 다시 하늘에 있는 주님이 앉은 보좌에 앉게 되는 것을 보인다.
그리하여 그들은 보좌에 앉아서 심판하는 권세를 가지는 것으로 보인다.

그리고 또 한 가지 이렇게 죽은 자들이 먼저 부활하여 주님이 데리고 오시고 그 다음 살아 있는 자도 부활되어 끌어올려가지만 이들이 공중에서 혼인잔치를 하지 않는 것으로 보인다.

그 증거로

계시록 19장 7절에서 9절을 보면

[계 19:7-9]
(7) 우리가 즐거워하고 크게 기뻐하여 그에게 영광을 돌리세 어린 양의 혼인 기약이 이르렀고 그 아내가 예비하였으니 (8) 그에게 허락하사 빛나고 깨끗한 세마포를 입게 하셨은즉 이 세마포는 성도들의 옳은 행실이로다 하더라 (9) 천사가 내게 말하기를 기록하라 어린 양의 혼인 잔치에 청함을 입은 자들이 복이 있도다 하고 또 내게 말하되 이것은 하나님의 참되신 말씀이라 하기로

여기서 계시록 19장에서는 어린양의 혼인기약이 이르렀고 그 아내가 예비되었다 말한다.

즉 아직 결혼하지 않았다는 말이며 준비되었다는 것이다.

이는 곧 할 것이라는 말로 받아들여진다.

그러므로 다만 공중휴거 때에는 주안에서 죽은 자들이 먼저 부활되고 그리고 살아있는 자들이 홀연히 변화하여 공중에서 주님을 만나 뵙지만 이들은 모두 다 이기는 자의 삶을 산 자들이므로 하늘에서 주님이 앉혀주시는 보좌에 앉는 것으로 보인다.

그러다가 계시록 20장 4절에서 말하는 것과 같이
보좌에 앉은 자들, 그리고 심판하는 권세를 가진 자들로서 이들이 순교한 자들과 함께 천년왕국으로 들어가는 것이다. 할렐루야.

2. 두 번째로 이 보좌에 앉은 자들에 속하는 자들은 두 증인들이다.

왜냐하면

[계 11:2-15] (2)성전 밖 마당은 척량하지 말고 그냥 두라 이것을 이방인에게 주었은즉 저희가 거룩한 성을 마흔 두달 동안 짓밟으리라 (3)내가 나의 두 증인에게 권세를 주리니 저희가 굵은 베옷을 입고 일천 이백 육십 일을 예언하리라 (4)이는 이 땅의 주 앞에 섰는 두 감람나무와 두 촛대니 (5)만일 누구든지 저희를 해하고자 한즉 저희 입에서 불이 나서

그 원수를 소멸할지니 누구든지 해하려 하면 반드시 이와 같이 죽임을 당하리라 (6)저희가 권세를 가지고 하늘을 닫아 그 예언을 하는 날 동안 비 오지 못하게 하고 또 권세를 가지고 물을 변하여 피 되게 하고 아무 때든지 원하는 대로 여러가지 재앙으로 땅을 치리로다 (7)저희가 그 증거를 마칠 때에 무저갱으로부터 올라오는 짐승이 저희로 더불어 전쟁을 일으켜 저희를 이기고 저희를 죽일 터인즉 (8)저희 시체가 큰 성 길에 있으리니 그 성은 영적으로 하면 소돔이라고도 하고 애굽이라고도 하니 곧 저희 주께서 십자가에 못박히신 곳이니라 (9)백성들과 족속과 방언과 나라 중에서 사람들이 그 시체를 사흘 반 동안을 목도하며 무덤에 장사하지 못하게 하리로다 (10)이 두 선지자가 땅에 거하는 자들을 괴롭게 한 고로 땅에 거하는 자들이 저희의 죽음을 즐거워하고 기뻐하여 서로 예물을 보내리라 하더라 (11)삼일 반 후에 하나님께로부터 생기가 저희 속에 들어가매 저희가 발로 일어서니 구경하는 자들이 크게 두려워하더라 (12)하늘로부터 큰 음성이 있어 이리로 올라 오라 함을 저희가 듣고 구름을 타고 하늘로 올라가니 저희 원수들도 구경하더라 (13)그 시에 큰 지진이 나서 성 십분의 일이 무너지고 지진에 죽은 사람이 칠천이라 그 남은 자들이 두려워하여 영광을 하늘의 하나님께 돌리더라 (14)둘째 화는 지나갔으나 보라 세째 화가 속히 이르는도다 (15)일곱째 천사가 나팔을 불매 하늘에 큰 음성들이 나서 가로되 세상 나라가 우리 주와 그 그리스도의 나라가 되어 그가 세세토록 왕 노릇 하시리로다 하니

이 두 증인은 여섯째 나팔이 불리워지면 인구 1/3이 전쟁으로 인하여 죽는 사건이 일어난 다음에 그리고 그 다음 일곱째 나팔이 불리워지기 전에 적그리스도의 전삼년 반 동안 쓰임 받고 무저

갱에서 나온 짐승에게 죽임을 당하였다가 삼일 반 만에 부활되어 하늘로 올리워져서 보좌에 앉는 것으로 보여진다.

3. 세 번째로 이 그룹에 속하는 자들은 대환난 기간 동안 즉 적그리스도가 통치하는 후삼년 반동안 짐승과 짐승의 우상에게 절하지 않고 그 이마에나 손에 표를 받지 아니한 자들로서 살아남은 자들이다.

이들은 결국 계시록 14장 14절에서 16절, 구름위에 앉은 이가 이 한 낫을 가지고 이들을 추수하여 올라가게 한다.

[계 14:14-16] (14)또 내가 보니 흰 구름이 있고 구름 위에 사람의 아들과 같은 이가 앉았는데 그 머리에는 금 면류관이 있고 그 손에는 이한 낫을 가졌더라 (15)또 다른 천사가 성전으로부터 나와 구름 위에 앉은 이를 향하여 큰 음성으로 외쳐 가로되 네 낫을 휘둘러 거두라 거둘 때가 이르러 땅에 곡식이 다 익었음이로다 하니 (16)구름 위에 앉으신 이가 낫을 땅에 휘두르매 곡식이 거두어지니라

우리는 이것을 알곡 추수라고도 하는데 이 때에 짐승과 짐승의 우상에게 절하지 않고 이마에나 손에 표를 받지 않은 자들이 살아남아서 부활되어 하늘로 올리워가는 것으로 보인다.
할렐루야.

4. 그리고 여기에 속하는 그룹이 유대인의 인 맞은 십사만
사천이다.

이들도 이기는 자들로서 주님의 보좌에 앉게 되는 것이다.

[계 14:1-6]
(1)또 내가 보니 보라 어린 양이 시온산에 섰고 그와 함께 십 사만 사천
이 섰는데 그 이마에 어린 양의 이름과 그 아버지의 이름을 쓴 것이 있
도다 (2)내가 하늘에서 나는 소리를 들으니 많은 물소리도 같고 큰 뇌성
도 같은데 내게 들리는 소리는 거문고 타는 자들의 그 거문고 타는 것
같더라 (3)저희가 보좌와 네 생물과 장로들 앞에서 새 노래를 부르니 땅
에서 구속함을 얻은 십 사만 사천인 밖에는 능히 이 노래를 배울 자가
없더라 (4)이 사람들은 여자로 더불어 더럽히지 아니하고 정절이 있는
자라 어린 양이 어디로 인도하든지 따라가는 자며 사람 가운데서 구속
을 받아 처음 익은 열매로 하나님과 어린 양에게 속한 자들이니 (5)그
입에 거짓말이 없고 흠이 없는 자들이더라 (6)또 보니 다른 천사가 공중
에 날아가는데 땅에 거하는 자들 곧 여러 나라와 족속과 방언과 백성에
게 전할 영원한 복음을 가졌더라

즉 이들은 대환난 동안에 주님께서 이들을 특별히 광야에 두셨
다가 즉 대환난 동안 피할 곳을 주셨다가 대환난 이후에 이들은
보좌 앞으로 올라간다.

[계 12:13-14]

(13)용이 자기가 땅으로 내어쫓긴 것을 보고 남자를 낳은 여자를 핍박하는지라 (14)그 여자가 큰 독수리의 두 날개를 받아 광야 자기 곳으로 날아가 거기서 그 뱀의 낯을 피하여 한 때와 두 때와 반 때를 양육 받으매

이 여자는 이스라엘인데
이 이스라엘의 십사만사천이 대환난이 시작되기 전에 광야로 가서 후삼년 반을 지내다가
그 후에

[계 14:1-5]

(1)또 내가 보니 보라 어린 양이 시온산에 섰고 그와 함께 십 사만 사천이 섰는데 그 이마에 어린 양의 이름과 그 아버지의 이름을 쓴 것이 있도다 (2)내가 하늘에서 나는 소리를 들으니 많은 물소리도 같고 큰 뇌성도 같은데 내게 들리는 소리는 거문고 타는 자들의 그 거문고 타는 것 같더라 (3)저희가 보좌와 네 생물과 장로들 앞에서 새 노래를 부르니 땅에서 구속함을 얻은 십 사만 사천인 밖에는 능히 이 노래를 배울 자가 없더라 (4)이 사람들은 여자로 더불어 더럽히지 아니하고 정절이 있는 자라 어린 양이 어디로 인도하든지 따라가는 자며 사람 가운데서 구속을 받아 처음 익은 열매로 하나님과 어린 양에게 속한 자들이니 (5)그 입에 거짓말이 없고 흠이 없는 자들이더라

즉 계시록 14장 3절에 보면 이들이 벌써 하나님의 보좌 앞에 올라가 있다.

[계14:3]

저희가 보좌와 네 생물과 장로들 앞에서 새 노래를 부르니 땅에서 구속함을 얻은 십 사만 사천인 밖에는 능히 이 노래를 배울 자가 없더라 그러므로 이들도 첫째 부활에 참여된다.

그 다음 첫째 부활에 속하는 두 번째 그룹이 대환난 기간 동안 순교한 자들인 것이다.

계시록 20장 4절을 보니

[계 20:4]

나는 또 많은 높은 좌석과 그 위에 앉아 있는 사람들을 보았습니다. 그들은 심판할 권한을 받은 사람들이었습니다. 또 예수께서 계시하신 진리와 하느님의 말씀을 전파했다고 해서 목을잘리운 사람들의 영혼을 보았습니다. 그들은 그 짐승이나 그의 우상에게 절을 하지 않고 이마와 손에 낙인을 받지 않은 사람들입니다. 그들은 살아나서 그리스도와 함께 천 년 동안 왕노릇을 하였습니다 [공동번역]

And I saw thrones, and they sat upon them, and judgment was given unto them: and [I saw] the souls of them that were beheaded for the witness of Jesus, and for the word of God, and which had not worshipped the beast, neither his image, neither had received [his] mark upon their foreheads, or in their hands; and they lived and reigned with Christ a thousand years [KJV]

이 두 번째 그룹에 해당되는 자들은 적그리스도의 마지막 7년 통치기간 중에 후삼년 반 동안에 짐승과 짐승의 우상에게 절하지도 아니하고 이마나 손에 666표를 받지 아니하여 죽임을 당한 순교한 자들인 것이다.

그러면 이렇게 보좌에 앉은 자들과는 왜 다른 그룹으로 따로 말하고 있는가 하는 것인데 그것은 다른 그룹 즉 보좌에 앉은 자들은 이미 다 부활된 상태인 것이고 이렇게 후삼년 반 동안 순교당한 자들은 그 영들이 올라가서 아직 부활되지 아니한 상태이기 때문이다. 이들은 천년왕국에 들어갈 때에 부활되기 때문이다. 할렐루야.

즉 이들이 천년왕국 들어가기 직전에 부활되는 것으로 보인다. 그러므로 결국 이 천년왕국에 들어가는 자들은 보좌에 앉은 자들이나 이 순교자들이 다 부활된 부활체로 들어가는 것을 알 수 있다.

개역한글 번역에는 계시록 20장 4절이 조금 잘못되어 있다.

[계 20:4]
또 내가 보좌들을 보니 거기 앉은 자들이 있어 심판하는 권세를 받았더라 또 내가 보니 예수의 증거와 하나님의 말씀을 인하여 목 베임을 받은 자의 영혼들과 또 짐승과 그의 우상에게 경배하지도 아니하고 이마와 손에 그의 표를 받지도 아니한 자들이 살아서 그리스도로 더불어 천

년 동안 왕 노릇하니 [개역성경]

즉 예수의 증거와 하나님의 말씀으로 인하여 목베임을 받은 영
혼들과 또 짐승의 우상에게 절하지 않고 이마나 손에 표를 받지
아니한 영혼들이 살아서

이렇게 표현하고 있는데 사실 이 목베임을 받은 영혼들이 짐승
과 짐승의 우상에게 절하지도 아니하고 그 이마나 손에 표를 받
지 아니한 영혼들로서 살아서라는 말은 다시 살아나서 즉 부활
되어져서 이 말인 것이다. 그런데 꼭 개역개정에서는 예수의 증
거와 하나님의 말씀으로 인하여 목베임을 받은 영혼들은 따로
다른 그룹, 그리고 짐승과 짐승의 우상에게 절하지 않고 이마나
손에 표를 받지 아니한 그룹이 또 다른 한 그룹처럼 말하고 있다.
그리고 이 세 번째 그룹, 즉 이마나 손에 표를 받지 아니한 자들
이 살아서 즉 죽지 않고 살아서 천년왕국에 들어가서 일천년 동
안 죽지 않고 아담과 하와처럼 900살 넘어 살면서 아이를 낳을
것이라고 잘못 오도하고 있는 것이다.

공동번역이나 영어로 보면 이 순교한 자들과 이마나 손에 표를
받지 아니한 사람들이 같은 그룹의 사람임을 알 수 있고 그러므
로 살아서라는 말은 그들이 부활하여 이렇게 기록되고 있는 것이
다.

할렐루야.

그러므로 다시 정리하여 보면 천년왕국에 들어가는 자들은 첫째
부활에 속한 자들로서

첫째는 이기는 자들로서 보좌에 앉은 자들이고 여기에 속하는 자들을 보면

1. 주님의 공중재림 때에 부활한 자들 즉 주안에서 죽은 자들이 먼저 부활하고 그 다음 살아있는 자들이 홀연히 변화하여 부활하여 공중에서 주를 뵙는다.
2. 두 증인
3. 이스라엘의 십사만 사천
4. 대환난후 알곡으로 추수된 자들

그리고 두 번째 그룹이
대환난 때에 이마나 손에 표를 받지 않고 순교한 자들.
이렇게 정리가 된다. 우리는 어찌하였든 첫째 부활에 참여하는 자들이 되어야 할 것이다.

즉 이기는 자의 삶을 살다가 공중휴거 되던가 아니면 공중휴거 되지 못하면 대환난 기간 동안에 짐승의 우상에게 절하지 않고 이마나 손에 표를 받지 않고 순교하던가 아니면 짐승의 우상에게 절하지 않고 이마나 손에 표를 받지 않고 살아남아 나중에 추수되던가 그렇게 하여야 우리는 천년왕국에 들어갈 수 있는 것이다.

주님의 공중재림 때에 죽은 자들이 먼저 일어난다 하였는데
그들은 누구일까 하는 문제이다.

이들 역시 주안에서 죽은 자들로 이기는 삶을 살았던 자들이다. 그러므로 죽었으나 이기는 삶을 살지 못하였던 자들은 이 첫째 부활에 참여하지 못하고 백보좌심판 때에 둘째 부활에 참여하는 것으로 보인다.

왜냐하면 성경은 첫째부활에 참여하지 못한 자들은 천년이 차기 까지 부활하지 못하더라고 기록하고 있기 때문이다.

II. 두 번째로 다룰 것은 이 천년왕국에 들어가는 자들은 다 부활체이므로 아이를 낳지 않는다는 것이다.

이 천년왕국에 들어가는 자들 중에는 우리의 믿음의 조상이라 하는 모든 자들이 다 속하여 있는 것이다.
천국은 낙원인데 이것에 대하여서는 나중에 다시 정리되어진다.
내가 천국에서 만난 아브라함, 이삭, 다윗, 야곱, 요셉, 솔로몬, 삭개오, 에스더, 마리아, 베드로, 바울, 안드레, 모세, 엘리야, 엘리사, 사무엘 등등 이들이 다 천년왕국에 들어가는 것이다.

그리고 이 천년왕국에는 다 부활되어 들어가므로 아이를 낳지 않는다.

[눅 20:34-36]
(34)예수께서 이르시되 이 세상의 자녀들은 장가도 가고 시집도 가되

(35)저 세상과 및 죽은 자 가운데서 부활함을 얻기에 합당히 여김을 입은 자들은 장가가고 시집가는 일이 없으며
(36)저희는 다시 죽을 수도 없나니 이는 천사와 동등이요 부활의 자녀로서 하나님의 자녀임이니라

그러므로 천년왕국 때에 많은 아이들을 낳고 또한 에덴동산에서처럼 구백 몇 살까지 산다고 하는 것은 맞지 않는 것이다.
이 천년왕국에 들어가는 자들은 다 부활하여 들어가므로 그들은 부활체로서의 영생이 이미 시작되었다고 보면 된다. 이제 더 이상 죽지 아니하는 것이다. 이미 영원히 사는 영화로운 몸을 입은 것이다. 할렐루야.

그러므로 첫째부활에 참여하는 자들은 복이 있는 것이다.

이사야서를 보면

[사 65:17-20]
(17)보라 내가 새 하늘과 새 땅을 창조하나니 이전 것은 기억되거나 마음에 생각나지 아니할 것이라 (18)너희는 나의 창조하는 것을 인하여 영원히 기뻐하며 즐거워할지니라 보라 내가 예루살렘으로 즐거움을 창조하며 그 백성으로 기쁨을 삼고 (19)내가 예루살렘을 즐거워하며 나의 백성을 기뻐하리니 우는 소리와 부르짖는 소리가 그 가운데서 다시는 들리지 아니할 것이며 (20)거기는 날 수가 많지 못하여 죽는 유아와 수한이 차지 못한 노인이 다시는 없을 것이라 곧 백세에 죽는 자가 아이겠

고 백세 못되어 죽는 자는 저주 받은 것이리라

이 구절들을 보고 이 구절들이 천년왕국을 말한다고 하여 그 때에 아이가 100세 되어 죽는 자가 없다하면서 오래 산다고 한다.
그러므로 아담과 하와와 같이 900살 넘게 산다는 것이다.
그런데 그것이 아니다.
이 구절들을 자세히 보면 이 구절들은 천년왕국을 말한다고 보기보다는 영원천국을 말하고 있는 것을 알 수 있다.
왜냐하면

[사 65:17]
(17)보라 내가 새 하늘과 새 땅을 창조하나니 이전 것은 기억되거나 마음에 생각나지 아니할 것이라

이 말씀은 바로 계시록 21장 1절과 같은 것이다.

[계 21:1]
(1)또 내가 새 하늘과 새 땅을 보니 처음 하늘과 처음 땅이 없어졌고 바다도 다시 있지 않더라

즉 영원천국을 말하고 있는 것이다. 지금 보이는 하늘과 땅이 없어진 상태이다.
즉 영원천국을 말한다. 새 하늘과 새 땅이 열린.
그 다음 이사야 65장 두 구절은 새 예루살렘 성을 말하고 있다.

[사 65:18-19]

(18)너희는 나의 창조하는 것을 인하여 영원히 기뻐하며 즐거워할지니라 보라 내가 예루살렘으로 즐거움을 창조하며 그 백성으로 기쁨을 삼고 (19)내가 예루살렘을 즐거워하며 나의 백성을 기뻐하리니 우는 소리와 부르짖는 소리가 그 가운데서 다시는 들리지 아니할 것이며

계시록 21장 2절부터 4절에서도 새 예루살렘 성을 말하며 다시는 우는 소리가 들리지 아니할 것이라 말한다.

[계 21:2-4]

(2)또 내가 보매 거룩한 성 새 예루살렘이 하나님께로부터 하늘에서 내려오니 그 예비한 것이 신부가 남편을 위하여 단장한 것 같더라 (3)내가 들으니 보좌에서 큰 음성이 나서 가로되 보라 하나님의 장막이 사람들과 함께 있으매 하나님이 저희와 함께 거하시리니 저희는 하나님의 백성이 되고 하나님은 친히 저희와 함께 계셔서 (4)모든 눈물을 그 눈에서 씻기시매 다시 사망이 없고 애통하는 것이나 곡하는 것이나 아픈 것이 다시 있지 아니하리니 처음 것들이 다 지나갔음이러라

그런데 문제가 바로
이사야 65장 20절 말씀이다.

[사 65:20]

거기는 날 수가 많지 못하여 죽는 유아와 수한이 차지 못한 노인이 다시는 없을 것이라 곧 백세에 죽는 자가 아이겠고 백세 못되어 죽는 자

는 저주 받은 것이리라

즉 이것에 대하여 내가 천상에서 주님께 물었다.
그리하였더니 주님께서 가르쳐 주신 것이 이사야가 영원천국에서 유아가 오래 되어도 안 죽고 어른이 오래되어도 늙지 아니함을 보고서 한 말이라는 것이다.

그리고 천년왕국 이후에는 무저갱에서 마귀가 잠깐 풀려나와서 곡과 마곡을 유혹하여 곡과 마곡전쟁을 일으킨다.
그러므로 이 이야기는 곡과 마곡이라는 자들, 즉 천년왕국에 들어가지 못한 자들이 천년왕국바깥에서 우리와 똑같이 일백년 동안 아이들을 낳고 사는 것을 말한다.
그러므로 천년왕국에 부활하여 들어간 자들과 들어가지 못한 자들로 동시대에 살고 있음을 말하고 있는 것이다.

III. 천년왕국은 천상에서가 아니라 지상에서 이루어진다.

그 이유들은 다음과 같다.

[슥 14:1-15]
(1)여호와의 날이 이르리라 그 날에 네 재물이 약탈되어 너의 중에서 나누이리라 (2)내가 열국을 모아 예루살렘과 싸우게 하리니 성읍이 함락되며 가옥이 약탈되며 부녀가 욕을 보며 성읍 백성이 절반이나 사로잡

허 가려니와 남은 백성은 성읍에서 끊쳐지지 아니하리라 (3)그 때에 여호와께서 나가사 그 열국을 치시되 이왕 전쟁 날에 싸운 것같이 하시리라 (4)그 날에 그의 발이 예루살렘 앞 곧 동편 감람산에 서실 것이요 감람산은 그 한가운데가 동서로 갈라져 매우 큰 골짜기가 되어서 산 절반은 북으로, 절반은 남으로 옮기고 (5)그 산 골짜기는 아셀까지 미칠지라 너희가 그의 산 골짜기로 도망하되 유다 왕 웃시야 때에 지진을 피하여 도망하던 것같이 하리라 나의 하나님 여호와께서 임하실 것이요 모든 거룩한 자가 주와 함께 하리라 (6)그 날에는 빛이 없겠고 광명한 자들이 떠날 것이라 (7)여호와의 아시는 한 날이 있으리니 낮도 아니요 밤도 아니라 어두워 갈 때에 빛이 있으리로다 (8)그 날에 생수가 예루살렘에서 솟아나서 절반은 동해로, 절반은 서해로 흐를 것이라 여름에도 겨울에도 그러하리라 (9)여호와께서 천하의 왕이 되시리니 그 날에는 여호와께서 홀로 하나이실 것이요 그 이름이 홀로 하나이실 것이며 (10)온 땅이 아라바 같이 되되 게바에서 예루살렘 남편 림몬까지 미칠 것이며 예루살렘이 높이 들려 그 본처에 있으리니 베냐민 문에서부터 첫문 자리와 성 모퉁이 문까지 또 하나넬 망대에서부터 왕의 포도주 짜는 곳까지라

(10) All the land shall be turned as a plain from Geba to Rimmon south of Jerusalem: and it shall be lifted up, and inhabited in her place, from Benjamin's gate unto the place of the first gate, unto the corner gate, and [from] the tower of Hananeel unto the king's winepresses [KJV]

(10) The whole land, from Geba to Rimmon, south of Jerusalem, will become like the Arabah. But Jerusalem will be raised up and remain in its place, from the Benjamin Gate to the site of the First

Gate, to the Corner Gate, and from the Tower of Hananel to the royal winepresses. [NIV]

(11)사람이 그 가운데 거하며 다시는 저주가 있지 아니하리니 예루살렘이 안연히 서리로다

(11) And [men] shall dwell in it, and there shall be no more utter destruction; but Jerusalem shall be safely inhabited. [KJV]

(12)예루살렘을 친 모든 백성에게 여호와께서 내리실 재앙이 이러하니 곧 섰을 때에 그 살이 썩으며 그 눈이 구멍 속에서 썩으며 그혀가 입속에서 썩을 것이요 (13)그 날에 여호와께서 그들로 크게 요란케 하시리니 피차 손으로 붙잡으며 피차 손을 들어 칠 것이며 (14)유다도 예루살렘에서 싸우리니 이 때에 사면에 있는 열국의 보화 곧 금 은과 의복이 심히 많이 모여질 것이요 (15)또 말과 노새와 약대와 나귀와 그 진에 있는 모든 육축에게 미칠 재앙도 그 재앙과 같으리라

여기서 10절을 한번 보면

(10) 온 땅이 아라바 같이 되되 게바에서 예루살렘 남편 림몬까지 미칠 것이며 예루살렘이 높이 들려 그 본처에 있으리니 베냐민 문에서부터 첫문 자리와 성 모퉁이 문까지 또 하나넬 망대에서부터 왕의 포도주 짜는 곳까지라

(10) All the land shall be turned as a plain from Geba to Rimmon south of Jerusalem: and it shall be lifted up, and inhabited in her place, from Benjamin's gate unto the place of the first gate, unto the corner gate, and [from] the tower of Hananeel unto the king's

winepresses [KJV]

(10) The whole land, from Geba to Rimmon, south of Jerusalem, will become like the Arabah. But Jerusalem will be raised up and remain in its place, from the Benjamin Gate to the site of the First Gate, to the Corner Gate, and from the Tower of Hananel to the royal winepresses. [NIV]

여기서 말하는 아라바는 KJV에서 보면 평지(plain)로 나타난다. 그러므로 예루살렘은 그보다 좀 높은 곳에 위치하여 그곳에 사람들이 거하게 될 것이라는 것이다. 그런데 사람들은 여기서 개역성경 한국번역에서 '예루살렘이 높이 들려서 그 본처에 있으리니'라는 문구를 가지고 이 지상의 예루살렘이 위로 즉 하늘로 올라가서 거한다는 말을 하는데 그럴 수가 없다. 왜냐하면 그 이유는 다음과 같다.

i) 지상의 건물이 천상의 낙원의 예루살렘이 될 수가 없다.

왜냐하면 지상에서 쓰는 건물의 재료와 천상에서 쓰는 재료가 틀린 것이다.

그러므로 본처에 거한다는 말은 저 낙원이 아니라 지상에 거하는데 그 원래 있던 자리가 평지보다 높은 곳에 위치한다는 말로 받아들이는 것이 더 옳은 것이다.

그러므로 천년왕국은 하늘에서 일어나는 것이 아니라 지상에서 일어나는 것이다.

지각변동이 일어나 다른 곳은 다 평지로 변하는 것으로 보인다.

ii) 이것은 위의 구절들 7절에서 9절을 보면 더 확실하다.

[슥 14:7-9]
(7) 여호와의 아시는 한 날이 있으리니 낮도 아니요 밤도 아니라 어두워 갈 때에 빛이 있으리로다 (8)그 날에 생수가 예루살렘에서 솟아나서 절반은 동해로, 절반은 서해로 흐를 것이라 여름에도 겨울에도 그러하리라 (9)여호와께서 천하의 왕이 되시리니 그 날에는 여호와께서 홀로 하나이실 것이요 그 이름이 홀로 하나이실 것이며

즉 이 천년왕국이 일어나는 날에 생수가 예루살렘에서 솟아나서 절반은 동해로 절반은 서해로 흐른다고 했다. 천국에 낙원에 동해와 서해가 있다는 말이 없다. 동해와 서해는 지상을 말하는 것이다.

iii) 왜 천년왕국이 지상에서 일어나는가?

위의 성경구절 8절 말씀을 보면 '여름에도 그러하고 겨울에도 그러하리라'하였다.

[슥 14:8]
그 날에 생수가 예루살렘에서 솟아나서 절반은 동해로, 절반은 서해로 흐를 것이라 여름에도 겨울에도 그러하리라

만일 예루살렘이 하늘로 올라갔다면 그리고 천년왕국이 하늘에서 천국에서 일어난다면 여름과 겨울이 없을 것이다. 왜냐하면 여름과 겨울은 지상에서 해가 있기 때문에 일어나는 계절이기 때문이다. 할렐루야.

그러므로 천년왕국은 지상에서 이루어지고 그것은 이스라엘의 예루살렘성에서 이루어질 것으로 보여진다. 할렐루야.

8. 곡과 마곡전쟁

이 곡과 마곡전쟁은 천년왕국 이후에 일어난다.

[계 20:7-11]
(7)천년이 차매 사단이 그 옥에서 놓여 (8)나와서 땅의 사방 백성 곧 곡과 마곡을 미혹하고 모아 싸움을 붙이리니 그 수가 바다 모래 같으리라 (9)저희가 지면에 널리 퍼져 성도들의 진과 사랑하시는 성을 두르매 하늘에서 불이 내려와 저희를 소멸하고 (10)또 저희를 미혹하는 마귀가 불과 유황 못에 던지우니 거기는 그 짐승과 거짓 선지자도 있어 세세토록 밤낮 괴로움을 받으리라 (11)또 내가 크고 흰 보좌와 그 위에 앉으신 자를 보니 땅과 하늘이 그 앞에서 피하여 간데 없더라

즉 천년왕국이 끝나고 나면 곡과 마곡이 사단의 유혹을 받아서 주님의 사랑하시는 성과 성도들의 진을 둘러서 전쟁을 일으킨다. 여기서 주님의 사랑하시는 성이란 예루살렘 성을 말하는 것으로 보인다. 이 주님의 사랑하시는 성과 성도들의 진을 치러 곡과 마곡이 왔는데 그 수가 바다모래와 같다고 하였다.

도대체 이들은 누구이며 갑자기 어디서 나타난 자들일까?
곡은 마곡 땅의 왕의 이름이다. 그렇다.
이 지상에서 천년왕국이 일어날 때에 주님과 함께 천년왕국에

들어가서 천년동안 왕노릇하는 자들이 있고 그리고 이 천년왕국 바깥에서는 지금 우리와 똑같이 일백년 이하의 삶을 살다가 죽는 자들이 있는 것이다.

이 자들은 천년왕국 이전에 일어나는 아마겟돈 전쟁에서 살아남은 자들과 또한 대환난을 거치면서 살아남아서 베리칩을 받은 자들이 그 아들들을 낳고 또 그 아들들이 그들의 아들들을 낳고 또 그들이 그의 아들들을 낳고 하여 천년동안 그 수가 바다모래 같이 이룬 것이다.

할렐루야.

그러므로 지상에서 천년왕국이 이루어질 때에 천년왕국에 들어가는 자들이 있고 못 들어간 자들이 바깥에서 계속 아이를 낳고 낳고 하여 그 수가 불어난 것이다.

그러므로 이들이 곡과 마곡인데 천년이 끝나면 무저갱에서 사단이 잠깐 풀려나와서 이들을 미혹하여 주님의 사랑하시는 성과 성도들의 진을 치러 예루살렘으로 올라온 것이다.

천년왕국에 들어가는 자들은 부활체로 들어가므로 아이를 낳지 아니한다.

그러나 천년왕국 바깥에서는 계속 아이를 낳고 사는 것이다.

I. 이 계시록에서 나오는 곡과 마곡전쟁이 에스겔서에서 나오는 곡과 마곡전쟁과 같은 것인가?

다음은 에스겔서에서 나오는 곡과 마곡전쟁이 계시록에서 나오는 곡과 마곡전쟁과 일치하고 있다는 점을 다룬 것이다.

이들이 동일한 곡과 마곡전쟁을 말하고 있다는 사실을 어떻게 알 수 있느냐면

첫째, 곡과 마곡이라는 단어가 일치하며 이 단어는 에스겔서와 계시록에서만 기록되고 있다.

둘째, 계시록에서나 에스겔에서나 곡과 마곡전쟁이 세상 끝날에 일어난다.

계시록에서는 백보좌 심판 전에 즉 이 세상의 하늘과 땅이 없어지기 전에 일어나는 사건이다.

에스겔에서도 이 곡과 마곡전쟁이 세상 끝날에 일어나고 있음을 말하고 있다.

[겔 38:1-9]

(1)여호와의 말씀이 내게 임하여 가라사대 (2)인자야 너는 마곡 땅에 있는 곡 곧 로스와 메섹과 두발 왕에게로 얼굴을 향하고 그를 쳐서 예언하여 (3)이르기를 주 여호와의 말씀에 로스와 메섹과 두발 왕 곡아 내가 너를 대적하여 (4)너를 돌이켜 갈고리로 네 아가리를 꿰고 너와 말과 기병 곧 네 온 군대를 끌어내되 완전한 갑옷을 입고 큰 방패와 작은 방패를 가지며 칼을 잡은 큰 무리와 (5)그들과 함께 한바 방패와 투구를 갖춘 바사와 구스와 붓과 (6)고멜과 그 모든 떼와 극한 북방의 도갈마 족속과 그 모든 떼 곧 많은 백성의 무리를 너와 함께 끌어 내리라 (7)너는 스스로 예비하되 너와 네게 모인 무리들이 다 스스로 예비하고 너는 그

들의 대장이 될지어다 (8)여러 날 후 곧 말년에 네가 명령을 받고 그 땅 곧 오래 황무하였던 이스라엘 산에 이르리니 그 땅 백성은 칼을 벗어나서 열국에서부터 모여 들어 오며 이방에서부터 나와서 다 평안히 거하는 중이라 (9)네가 올라오되 너와 네 모든 떼와 너와 함께 한 많은 백성이 광풍같이 이르고 구름 같이 땅을 덮으리라

8절에 보면 '말년에 네가 명령을 받고'라는 말이 나온다.

또 38장 16절에 보면 '끝날에 내가 너를 이끌어다가 내 땅을 치게 하리니'라는 말이 나온다.

[겔 38:15-16]
(15)네가 네 고토 극한 북방에서 많은 백성 곧 다 말을 탄 큰 떼와 능한 군대와 함께 오되 (16)구름이 땅에 덮임 같이 내 백성 이스라엘을 치러 오리라 곡아 끝 날에 내가 너를 이끌어다가 내 땅을 치게 하리니 이는 내가 너로 말미암아 이방 사람의 목전에서 내 거룩함을 나타내어 그들로 다 나를 알게 하려 함이니라

그러므로 계시록이나 에스겔에서나 이 곡과 마곡전쟁이 세상 끝날에 일어나는 것이 일치하고 있는 것이다.

셋째, 계시록에서나 에스겔에서 곡과 마곡을 하늘에서 불이 내려서 심판하시는 것이 일치하고 있다.

[계 20:9]
저희가 지면에 널리 퍼져 성도들의 진과 사랑하시는 성을 두르매 하늘에서 불이 내려와 저희를 소멸하고

[겔 38:18-23]
(18)나 주 여호와가 말하노라 그 날에 곡이 이스라엘 땅을 치러 오면 내 노가 내 얼굴에 나타나리라 (19)내가 투기와 맹렬한 노로 말하였거니와 그 날에 큰 지진이 이스라엘 땅에 일어나서 (20)바다의 고기들과 공중의 새들과 들의 짐승들과 땅에 기는 모든 벌레와 지면에 있는 모든 사람이 내 앞에서 떨 것이며 모든 산이 무너지며 절벽이 떨어지며 모든 성벽이 땅에 무너지리라 (21)나 주 여호와가 말하노라 내가 내 모든 산 중에서 그를 칠 칼을 부르리니 각 사람의 칼이 그 형제를 칠 것이며 (22)내가 또 온역과 피로 그를 국문하며 쏟아지는 폭우와 큰 우박덩이와 불과 유황으로 그와 그 모든 떼와 그 함께 한 많은 백성에게 비를 내리듯하리라 (23)이와 같이 내가 여러 나라의 눈에 내 존대함과 내 거룩함을 나타내어 나를 알게 하리니 그들이 나를 여호와인 줄 알리라

이스라엘 땅을 치러온 곡과 마곡을 불과 유황으로 심판할 것을 말씀하고 있을 뿐 아니라 평안히 마곡 땅에 거하는 자들에게도 불을 내려 심판을 하시겠다는 것을 말씀하고 있다.

[겔 39:1-7]
(1)그러므로 인자야 너는 곡을 쳐서 예언하여 이르기를 주 여호와의 말씀에 로스와 메섹과 두발 왕 곡아 내가 너를 대적하여 (2)너를 돌이켜서

이끌고 먼 북방에서부터 나와서 이스라엘 산 위에 이르러 (3)네 활을 쳐서 네 왼손에서 떨어뜨리고 네 살을 네 오른손에서 떨어뜨리리니 (4)너와 네 모든 떼와 너와 함께 한 백성이 다 이스라엘 산 위에 엎드러지리라 내가 너를 각종 움키는 새와 들짐승에게 붙여 먹게 하리니 (5)네가 빈들에 엎드러지리라 이는 내가 말하였음이니라 나 주 여호와의 말이니라 (6)내가 또 불을 마곡과 및 섬에 평안히 거하는 자에게 내리리니 그들이 나를 여호와인 줄 알리라 (7)내가 내 거룩한 이름을 내 백성 이스라엘 가운데 알게 하여 다시는 내 거룩한 이름을 더럽히지 않게 하리니 열국이 나를 여호와 곧 이스라엘의 거룩한 자인 줄 알리라 하셨다 하라

넷째로 또 에스겔서에서 말하는 곡과 마곡전쟁이 계시록에서 말하는 곡과 마곡전쟁이라는 것을 단적으로 말하고 있는 것이 에스겔서 37장에서 마른 뼈들에게 생기가 들어가는 장면인 것이다. 이 장면은 계시록에서 천년왕국에 들어가기 전에 부활하는 장면과 일치하고 있다.

[겔 37:1-14]
(1)여호와께서 권능으로 내게 임하시고 그 신으로 나를 데리고 가서 골짜기 가운데 두셨는데 거기 뼈가 가득하더라 (2)나를 그 뼈 사방으로 지나게 하시기로 본즉 그 골짜기 지면에 뼈가 심히 많고 아주 말랐더라 (3)그가 내게 이르시되 인자야 이 뼈들이 능히 살겠느냐 하시기로 내가 대답하되 주 여호와여 주께서 아시나이다 (4)또 내게 이르시되 너는 이 모든 뼈에게 대언하여 이르기를 너희 마른 뼈들아 여호와의 말씀을 들을지어다 (5)주 여호와께서 이 뼈들에게 말씀하시기를 내가 생기로 너

희에게 들어가게 하리니 너희가 살리라 (6)너희 위에 힘줄을 두고 살을 입히고 가죽으로 덮고 너희 속에 생기를 두리니 너희가 살리라 또 나를 여호와인 줄 알리라 하셨다 하라 (7)이에 내가 명을 좇아 대언하니 대언할 때에 소리가 나고 움직이더니 이 뼈, 저 뼈가 들어 맞아서 뼈들이 서로 연락하더라 (8)내가 또 보니 그 뼈에 힘줄이 생기고 살이 오르며 그 위에 가죽이 덮이나 그 속에 생기는 없더라 (9)또 내게 이르시되 인자야 너는 생기를 향하여 대언하라 생기에게 대언하여 이르기를 주 여호와의 말씀에 생기야 사방에서부터 와서 이 사망을 당한 자에게 불어서 살게 하라 하셨다 하라 (10)이에 내가 그 명대로 대언하였더니 생기가 그들에게 들어가매 그들이 곧 살아 일어나서 서는데 극히 큰 군대더라 (11)또 내게 이르시되 인자야 이 뼈들은 이스라엘 온 족속이라 그들이 이르기를 우리의 뼈들이 말랐고 우리의 소망이 없어졌으니 우리는 다 멸절되었다 하느니라 (12)그러므로 너는 대언하여 그들에게 이르기를 주 여호와의 말씀에 내 백성들아 내가 너희 무덤을 열고 너희로 거기서 나오게 하고 이스라엘 땅으로 들어가게 하리라 (13)내 백성들아 내가 너희 무덤을 열고 너희로 거기서 나오게 한즉 너희가 나를 여호와인 줄 알리라 (14)내가 또 내 신을 너희 속에 두어 너희로 살게 하고 내가 또 너희를 너희 고토에 거하게 하리니 나 여호와가 이 일을 말하고 이룬 줄을 너희가 알리라 나 여호와의 말이니라 하셨다 하라

죽은 자에게 생기가 들어가 다시 살게 하는 것이 계시록에서도 나오는데 두 증인이 바다에서 나오는 짐승에게 죽임을 당하여 그 시체가 3일반 동안 길에 있었는데 3일 반 후에 생기가 그들 시체에 들어가 그들이 다시 살아나서 하늘로 올리워지는 것이

계시록에 기록이 되어 있다. 에스겔 37장에서도 마찬가지이다. 죽은 시체에게 뼈에게 생기가 들어가서 다시 살게 되는 것이다.

만일 그렇다면 이 일 후에 천년왕국의 이미지가 에스겔서에서 나와야 한다.
그래야 이들이 천년왕국에 들어가게 될 것이고 그 다음 에스겔서 38장과 39장에서 곡과 마곡전쟁이 일어나게 되는 것이다.

그리고 그 다음에는 살아난 이들이 천년왕국에 들어가는 이미지가 나타난다.
즉 이스라엘의 한 나라로 불리워지게 된다는 것이다. 더 이상의 나눔이 없이.

[겔 37:15-22]
(15)여호와의 말씀이 또 내게 임하여 가라사대 (16)인자야 너는 막대기 하나를 취하여 그 위에 유다와 그 짝 이스라엘 자손이라 쓰고 또 다른 막대기 하나를 취하여 그 위에 에브라임의 막대기 곧 요셉과 그 짝 이스라엘 온 족속이라 쓰고 (17)그 막대기들을 서로 연합하여 하나가 되게 하라 네 손에서 둘이 하나가 되리라 (18)네 민족이 네게 말하여 이르기를 이것이 무슨 뜻인지 우리에게 고하지 아니하겠느냐 하거든 (19)너는 곧 이르기를 주 여호와의 말씀에 내가 에브라임의 손에 있는바 요셉과 그 짝 이스라엘 지파들의 막대기를 취하여 유다의 막대기에 붙여서 한 막대기가 되게 한즉 내 손에서 하나가 되리라 하셨다 하고 (20)너는 그 글 쓴 막대기들을 무리의 목전에서 손에 잡고 (21)그들에게 이르기를 주

여호와의 말씀에 내가 이스라엘 자손을 그 간 바 열국에서 취하며 그 사면에서 모아서 그 고토로 돌아가게 하고 (22)그 땅 이스라엘 모든 산에서 그들로 한 나라를 이루어서 한 임금이 모두 다스리게 하리니 그들이 다시는 두 민족이 되지 아니하며 두 나라로 나누이지 아니할지라

그리고는 정말 아래는 천년왕국을 시사하는 구절들이 나온다.

[겔 37:23-28]
(23)그들이 그 우상들과 가증한 물건과 그 모든 죄악으로 스스로 더럽히지 아니하리라 내가 그들을 그 범죄한 모든 처소에서 구원하여 정결케 한즉 그들은 내 백성이 되고 나는 그들의 하나님이 되리라 (24)내 종 다윗이 그들의 왕이 되리니 그들에게 다 한 목자가 있을 것이라 그들이 내 규례를 준행하고 내 율례를 지켜 행하며 (25)내가 내 종 야곱에게 준 땅 곧 그 열조가 거하던 땅에 그들이 거하되 그들과 그 자자손손이 영원히 거기 거할 것이요 내 종 다윗이 영원히 그 왕이 되리라 (26)내가 그들과 화평의 언약을 세워서 영원한 언약이 되게 하고 또 그들을 견고하고 번성케 하며 내 성소를 그 가운데 세워서 영원히 이르게 하리니 (27)내 처소가 그들의 가운데 있을 것이며 나는 그들의 하나님이 되고 그들은 내 백성이 되리라 (28)내 성소가 영원토록 그들의 가운데 있으리니 열국이 나를 이스라엘을 거룩케 하는 여호와인 줄 알리라 하셨다 하라

그리고 그 다음 에스겔서 38장과 39장의 곡과 마곡전쟁이 계시록의 곡과 마곡전쟁과 일치하고 있는 것을 본다.

II. 곡과 마곡전쟁 때에 이들이 주님의 사랑하시는 성과
    성도들의 진을 둘러싼다 하였는데 주님의 사랑하시는
    성은 천년왕국 때의 예루살렘 성임에 틀림이 없다.

그러나 이 성도들의 진은 무엇인가? 그리고 누구를 말하는가?

이 성도들의 진은 주님의 사랑하시는 성 예루살렘성과는 다른
것이다.
즉 성은 영어로 보면 city이지만 진은 camp 이다. city 와 camp 는
다른 것이다.
이들이 누군지는 우리가 스가랴서에서 보면 아마겟돈전쟁 때에
살아남은 자들이 초막절을 지키러 올라온다 한 구절에서 찾아
볼 수가 있는 것이다.

먼저 우리는 스가랴 14장 1절에서 5절에서는 아마겟돈 전쟁을
말하고 있는 것을 볼 수 있다.

[슥 14:1-5]
(1)여호와의 날이 이르리라 그 날에 네 재물이 약탈되어 너의 중에서 나
누이리라 (2)내가 열국을 모아 예루살렘과 싸우게 하리니 성읍이 함락
되며 가옥이 약탈되며 부녀가 욕을 보며 성읍 백성이 절반이나 사로잡
혀 가려니와 남은 백성은 성읍에서 끊쳐지지 아니하리라 (3)그 때에 여
호와께서 나가사 그 열국을 치시되 이왕 전쟁 날에 싸운 것같이 하시리
라 (4)그 날에 그의 발이 예루살렘 앞 곧 동편 감람산에 서실 것이요 감

람산은 그 한가운데가 동서로 갈라져 매우 큰 골짜기가 되어서 산 절반은 북으로, 절반은 남으로 옮기고 (5)그 산 골짜기는 아셀까지 미칠지라 너희가 그의 산 골짜기로 도망하되 유다 왕 웃시야 때에 지진을 피하여 도망하던 것같이 하리라 나의 하나님 여호와께서 임하실 것이요 모든 거룩한 자가 주와 함께 하리라

그 다음 스가랴서 14장 7절에서부터 11절까지는 천년왕국을 말하고 있다.

[슥 14:7-11]
(7)여호와의 아시는 한 날이 있으리니 낮도 아니요 밤도 아니라 어두워 갈 때에 빛이 있으리로다 (8)그 날에 생수가 예루살렘에서 솟아나서 절반은 동해로, 절반은 서해로 흐를 것이라 여름에도 겨울에도 그러하리라 (9)여호와께서 천하의 왕이 되시리니 그 날에는 여호와께서 홀로 하나이실 것이요 그 이름이 홀로 하나이실 것이며 (10)온 땅이 아라바 같이 되되 게바에서 예루살렘 남편 림몬까지 미칠 것이며 예루살렘이 높이 들려 그 본처에 있으리니 베냐민 문에서부터 첫문 자리와 성 모퉁이 문까지 또 하나넬 망대에서부터 왕의 포도주 짜는 곳까지라 (11)사람이 그 가운데 거하며 다시는 저주가 있지 아니하리니 예루살렘이 안연히 서리로다

또한 스가랴서 14장 12절에서 16절은 아마겟돈 전쟁 때 예루살렘을 치러온 자들에 대하여 말하고 있는데 대부분은 죽으나 그래도 남은 자가 있어서 천년왕국 때에 해마다 올라와서 초막절

을 지키는 자들이 있음을 말하고 있다.

[슥 14:12-16]
(12)예루살렘을 친 모든 백성에게 여호와께서 내리실 재앙이 이러하니 곧 섰을 때에 그 살이 썩으며 그 눈이 구멍 속에서 썩으며 그 혀가 입속에서 썩을 것이요 (13)그 날에 여호와께서 그들로 크게 요란케 하시리니 피차 손으로 붙잡으며 피차 손을 들어 칠 것이며 (14)유다도 예루살렘에서 싸우리니 이 때에 사면에 있는 열국의 보화 곧 금 은과 의복이 심히 많이 모여질 것이요 (15)또 말과 노새와 약대와 나귀와 그 진에 있는 모든 육축에게 미칠 재앙도 그 재앙과 같으리라 (16)예루살렘을 치러 왔던 열국 중에 남은 자가 해마다 올라와서 그 왕 만군의 여호와께 숭배하며 초막절을 지킬 것이라

할렐루야. 이들이 성도들의 진을 이루게 될 것으로 보이는 것이다. 그리고 이 곡과 마곡전쟁 이후에는 사단이 이제 영원히 불못에 던져지고 이 세상의 하늘과 땅은 불에 의하여 녹아 없어지고 백 보좌 심판이 열리게 되는 것이다.

[계 20:7-11]
(7)천년이 차매 사단이 그 옥에서 놓여 (8)나와서 땅의 사방 백성 곧 곡과 마곡을 미혹하고 모아 싸움을 붙이리니 그 수가 바다 모래 같으리라 (9)저희가 지면에 널리 퍼져 성도들의 진과 사랑하시는 성을 두르매 하늘에서 불이 내려와 저희를 소멸하고 (10)또 저희를 미혹하는 마귀가 불과 유황 못에 던지우니 거기는 그 짐승과 거짓 선지자도 있어 세세토록

밤낮 괴로움을 받으리라 (11)또 내가 크고 흰 보좌와 그 위에 앉으신 자를 보니 땅과 하늘이 그 앞에서 피하여 간데 없더라

[벧후 3:10-13]
(10)그러나 주의 날이 도적같이 오리니 그 날에는 하늘이 큰 소리로 떠나 가고 체질이 뜨거운 불에 풀어지고 땅과 그 중에 있는 모든 일이 드러나리로다 (11)이 모든 것이 이렇게 풀어지리니 너희가 어떠한 사람이 되어야 마땅하뇨 거룩한 행실과 경건함으로 (12)하나님의 날이 임하기를 바라보고 간절히 사모하라 그 날에 하늘이 불에 타서 풀어지고 체질이 뜨거운 불에 녹아지려니와 (13)우리는 그의 약속대로 의의 거하는바 새 하늘과 새 땅을 바라보도다

9. 아마겟돈 전쟁

성경의 구약에서부터 말하는 '그 날', '여호와의 한 날'에 대하여 보면 이 날은 '하나님의 날' 즉 하늘과 땅이 불에 타고 체질이 녹는 날과는 다른 날을 말한다.

(i) 먼저 데살로니가 전서에서 말하는 '주의 날'을 보자.

[살후 2:2-4]
(2)혹 영으로나 혹 말로나 혹 우리에게서 받았다 하는 편지로나 주의 날이 이르렀다고 쉬 동심하거나 두려워하거나 하지 아니할 그것이라 (3)누가 아무렇게 하여도 너희가 미혹하지 말라 먼저 배도하는 일이 있고 저 불법의 사람 곧 멸망의 아들이 나타나기 전에는 이르지 아니하리니 (4)저는 대적하는 자라 범사에 일컫는 하나님이나 숭배함을 받는 자 위에 뛰어나 자존하여 하나님 성전에 앉아 자기를 보여 하나님이라 하느니라

여기서 이 '주의 날'은 아마겟돈 전쟁이 일어나는 날이다.
이 전쟁으로 인하여 많은 사람들이 죽고 짐승의 밥이 되고 그리고 적그리스도와 거짓선지자가 잡혀서 산채로 유황 불못에 던져질 것이다. 그러므로 여기서 먼저 배도하는 일이 있고 그리고 불법의 사람 곧 멸망의 아들이 나타나야 그 다음 주의 날 즉 아마겟

돈 전쟁이 있을 것이라는 것이다.
할렐루야. 주님은 여기까지 알게 하신다.

그리고 이 아마겟돈 전쟁을 위하여 주님께서 '주의 날'에 지상재림을 하신다.
그러므로 이 날은 지상재림의 날이기도 하다.

[계 19:11-21]
(11)또 내가 하늘이 열린 것을 보니 보라 백마와 탄 자가 있으니 그 이름은 충신과 진실이라 그가 공의로 심판하며 싸우더라 (12)그 눈이 불꽃 같고 그 머리에 많은 면류관이 있고 또 이름 쓴 것이 하나가 있으니 자기 밖에 아는 자가 없고 (13)또 그가 피 뿌린 옷을 입었는데 그 이름은 하나님의 말씀이라 칭하더라 (14)하늘에 있는 군대들이 희고 깨끗한 세마포를 입고 백마를 타고 그를 따르더라 (15)그의 입에서 이한 검이 나오니 그것으로 만국을 치겠고 친히 저희를 철장으로 다스리며 또 친히 하나님 곧 전능하신 이의 맹렬한 진노의 포도주 틀을 밟겠고 (16)그 옷과 그 다리에 이름 쓴 것이 있으니 만왕의 왕이요 만주의 주라 하였더라 (17)또 내가 보니 한 천사가 해에 서서 공중에 나는 모든 새를 향하여 큰 음성으로 외쳐 가로되 와서 하나님의 큰 잔치에 모여 (18)왕들의 고기와 장군들의 고기와 장사들의 고기와 말들과 그 탄 자들의 고기와 자유한 자들이나 종들이나 무론대소하고 모든 자의 고기를 먹으라 하더라 (19)또 내가 보매 그 짐승과 땅의 임금들과 그 군대들이 모여 그 말 탄 자와 그의 군대로 더불어 전쟁을 일으키다가 (20)짐승이 잡히고 그 앞에서 이적을 행하던 거짓 선지자도 함께 잡혔으니 이는 짐승의 표를

받고 그의 우상에게 경배하던 자들을 이적으로 미혹하던 자라 이 둘이 산채로 유황불 붙는 못에 던지우고 (21)그 나머지는 말 탄 자의 입으로 나오는 검에 죽으매 모든 새가 그 고기로 배불리우더라

주여!

그러므로 주의 날은 주님이 지상재림하여 아마겟돈 전쟁을 일으키는 날이다.

(ii) 그러면 이사야에서 말하는 '그 날에...' '그 날에...' 이 그 날은 언제를 말하는가?

이사야 2장 11절에서 21절에서는 '여호와의 한 날'이 '그 날'이라고 하는 것을 본다.

[사 2:10-21]
(10)너희는 바위 틈에 들어가며 진토에 숨어 여호와의 위엄과 그 광대하심의 영광을 피하라 (11)그날에 눈이 높은 자가 낮아지며 교만한 자가 굴복되고 여호와께서 홀로 높임을 받으시리라 (12)대저 만군의 여호와의 한 날이 모든 교만자와 거만자와 자고한 자에게 임하여 그들로 낮아지게 하고 (13)또 레바논의 높고 높은 모든 백향목과 바산의 모든 상수리나무와 (14)모든 높은 산과 모든 솟아오른 작은 산과 (15)모든 높은 망대와 견고한 성벽과 (16)다시스의 모든 배와 모든 아름다운 조각물에 임하리니 (17)그 날에 자고한 자는 굴복되며 교만한 자는 낮아지고 여

호와께서 홀로 높임을 받으실 것이요 (18)우상들은 온전히 없어질 것이며 (19)사람들이 암혈과 토굴로 들어가서 여호와께서 일어나사 땅을 진동시키시는 그의 위엄과 그 광대하심의 영광을 피할 것이라 (20)사람이 숭배하려고 만들었던 그 은 우상과 금 우상을 그 날에 두더지와 박쥐에게 던지고 (21)암혈과 험악한 바위틈에 들어가서 여호와께서 일어나사 땅을 진동시키시는 그의 위엄과 그 광대하심의 영광을 피하리라

이 날 즉 여호와께서 일어나 땅을 진동시키는 날이고 이 날에 모든 교만자와 거만자와 자고한 자에게 임하여 그들로 낮아지고 여호와가 홀로 영광을 받는 날이라 말한다.

(iii) 그러면 이 '그 날'은 성경전체에서 어떤 날을 말하고 있는가?

(a) 이것은 계시록 19장 11절에서 21절까지의 아마겟돈 전쟁 때를 말한다.

왜냐하면 그가 하나님의 말씀이고 백마를 타고 나타난 그 이름이 충신과 진실로서 다리에는 만왕의 왕 만주의 주라 쓰여져 있고 이 날에 그 짐승과 땅의 임금들과 그 군대들이 모여 그 백마 탄 자와 그의 군대로 더불어 전쟁을 일으키다가 짐승이 잡히고 그 앞에서 이적을 행하던 거짓 선지자도 함께 잡혀서 이 둘이 산 채로 유황불 붙는 못에 던지워지는 날이기 때문이다.

[계 19:11-21]

(11)또 내가 하늘이 열린 것을 보니 보라 백마와 탄 자가 있으니 그 이름은 충신과 진실이라 그가 공의로 심판하며 싸우더라 (12)그 눈이 불꽃 같고 그 머리에 많은 면류관이 있고 또 이름 쓴 것이 하나가 있으니 자기 밖에 아는 자가 없고 (13)또 그가 피 뿌린 옷을 입었는데 그 이름은 하나님의 말씀이라 칭하더라 (14)하늘에 있는 군대들이 희고 깨끗한 세마포를 입고 백마를 타고 그를 따르더라 (15)그의 입에서 이한 검이 나오니 그것으로 만국을 치겠고 친히 저희를 철장으로 다스리며 또 친히 하나님 곧 전능하신 이의 맹렬한 진노의 포도주 틀을 밟겠고 (16)그 옷과 그 다리에 이름 쓴 것이 있으니 만왕의 왕이요 만주의 주라 하였더라 (17)또 내가 보니 한 천사가 해에 서서 공중에 나는 모든 새를 향하여 큰 음성으로 외쳐 가로되 와서 하나님의 큰 잔치에 모여 (18)왕들의 고기와 장군들의 고기와 장사들의 고기와 말들과 그 탄 자들의 고기와 자유한 자들이나 종들이나 무론대소하고 모든 자의 고기를 먹으라 하더라 (19)또 내가 보매 그 짐승과 땅의 임금들과 그 군대들이 모여 그 말 탄 자와 그의 군대로 더불어 전쟁을 일으키다가 (20)짐승이 잡히고 그 앞에서 이적을 행하던 거짓 선지자도 함께 잡혔으니 이는 짐승의 표를 받고 그의 우상에게 경배하던 자들을 이적으로 미혹하던 자라 이 둘이 산채로 유황불 붙는 못에 던지우고 (21)그 나머지는 말 탄 자의 입으로 나오는 검에 죽으매 모든 새가 그 고기로 배불리우더라

그러므로 이 아마겟돈 전쟁은 하루에 다 끝난다.
왜냐하면 '그 날에' '그 날에'는 하루이기 때문이다. 할렐루야.
즉 하나님이신 예수님과 인간과의 싸움, 이것은 하나님이 하루

에 다 끝내시는 것이다.

그 전쟁의 끝에는 적그리스도와 거짓선지자를 산채로 유황 불못에 던져 넣으시고 사단을 일천 년 동안 무저갱에 감금시키신다.

그러므로 말미암아 그 날에 주님 홀로 영광을 받으시는 것이다. 할렐루야.

그리고 나서 우리 주님은 첫째부활에 속한 자들을 데리고 천년왕국으로 들어가신다.

(b) 그러므로 그 날은 계시록 19장 11절 주님이 백마 타고
    임하시는 바로 지상재림의 날이다.

주님은 그렇게 지상재림을 하셔서 인간들과의 아마겟돈 전쟁을 일으키시고 그 결말은 적그리스도와 거짓선지자를 잡아서 산채로 유황 불못에 던지시고 그 다음 사단은 일천년 동안 무저갱에 감금시키시며 그런 다음 주님은 그분의 신부들과 함께 천년왕국에 들어가시는 것이다.

아하, 할렐루야. 할렐루야.

이 날이 바로 그날인 것이다. 여호와의 한 날인 것이다.

여기 이 날에 대하여 스가랴서에서 이렇게 말하고 있다.

[슥 14:1-15]
(1)여호와의 날이 이르리라 그 날에 네 재물이 약탈되어 너의 중에서 나

누이리라 (2)내가 열국을 모아 예루살렘과 싸우게 하리니 성읍이 함락되며 가옥이 약탈되며 부녀가 욕을 보며 성읍 백성이 절반이나 사로잡혀 가려니와 남은 백성은 성읍에서 끊쳐지지 아니하리라 (3)그 때에 여호와께서 나가사 그 열국을 치시되 이왕 전쟁 날에 싸운 것같이 하시리라 (4)그 날에 그의 발이 예루살렘 앞 곧 동편 감람산에 서실 것이요 감람산은 그 한가운데가 동서로 갈라져 매우 큰 골짜기가 되어서 산 절반은 북으로, 절반은 남으로 옮기고 (5)그 산 골짜기는 아셀까지 미칠지라 너희가 그의 산 골짜기로 도망하되 유다 왕 웃시야 때에 지진을 피하여 도망하던 것같이 하리라 나의 하나님 여호와께서 임하실 것이요 모든 거룩한 자가 주와 함께 하리라 (6)그 날에는 빛이 없겠고 광명한 자들이 떠날 것이라 (7)여호와의 아시는 한 날이 있으리니 낮도 아니요 밤도 아니라 어두워 갈 때에 빛이 있으리로다 (8)그 날에 생수가 예루살렘에서 솟아나서 절반은 동해로, 절반은 서해로 흐를 것이라 여름에도 겨울에도 그러하리라 (이날에 예루살렘에서 생수가 솟아나서 절반은 동해로 절반은 서해로 흐를 것이다. 여름에도 그러하고 겨울에도 그러하리라 했다.(9)여호와께서 천하의 왕이 되시리니 그 날에는 여호와께서 홀로 하나이실 것이요 그 이름이 홀로 하나이실 것이며 (10)온 땅이 아라바 같이 되되 게바에서 예루살렘 남편 림몬까지 미칠 것이며 예루살렘이 높이 들려 그 본처에 있으리니 베냐민 문에서부터 첫문 자리와 성 모퉁이 문까지 또 하나넬 망대에서부터 왕의 포도주 짜는 곳까지라 (11)사람이 그 가운데 거하며 다시는 저주가 있지 아니하리니 예루살렘이 안연히 서리로다 (12)예루살렘을 친 모든 백성에게 여호와께서 내리실 재앙이 이러하니 곧 섰을 때에 그 살이 썩으며 그 눈이 구멍 속에서 썩으며 그 혀가 입속에서 썩을 것이요 (13)그 날에 여호와께서 그들로 크게 요란케 하시리니 피차 손으로 붙잡으며 피차 손을 들어 칠 것이며 (14) 유다도 예루살렘에서 싸우리니 이 때에 사면에 있는 열국의 보화 곧 금은과 의복이 심히 많이 모여질 것이요 (15)또 말과 노새와 약대와 나귀와 그 진에 있는 모든 육축에게 미칠 재앙도 그 재앙과 같으리라

스가랴 14장 9절을 보면 이 날은 여호와께서 천하의 왕이 되신다. 즉 예수 그리스도가 왕이 되시는 것이다. 여기서도 그 날이라는 말을 쓰므로 이날 한 날에 다 일어나는 것을 알 수 있다.
인간들과 신의 전쟁인 이 아마겟돈 전쟁은 여섯째 대접을 유브라데강에 쏟으므로써 예비되어진다.

[계 16:12-16]
(12)또 여섯째가 그 대접을 큰 강 유브라데에 쏟으매 강물이 말라서 동방에서 오는 왕들의 길이 예비되더라 (13)또 내가 보매 개구리 같은 세 더러운 영이 용의 입과 짐승의 입과 거짓 선지자의 입에서 나오니 (14) 저희는 귀신의 영이라 이적을 행하여 온 천하 임금들에게 가서 하나님 곧 전능하신 이의 큰 날에 전쟁을 위하여 그들을 모으더라 (15)보라 내가 도적 같이 오리니 누구든지 깨어 자기 옷을 지켜 벌거벗고 다니지 아니하며 자기의 부끄러움을 보이지 아니하는 자가 복이 있도다 (16)세 영이 히브리 음으로 아마겟돈이라 하는 곳으로 왕들을 모으더라

그리고 실제로 아마겟돈 전쟁은 일곱째 대접이 쏟아진 후에 일어난다.

[계 16:17-21]

(17)일곱째가 그 대접을 공기 가운데 쏟으매 큰 음성이 성전에서 보좌로부터 나서 가로되 되었다 하니 (18)번개와 음성들과 뇌성이 있고 또 큰 지진이 있어 어찌 큰지 사람이 땅에 있어 옴으로 이같이 큰 지진이 없었더라 (19)큰 성이 세 갈래로 갈라지고 만국의 성들도 무너지니 큰 성 바벨론이 하나님 앞에 기억하신 바 되어 그의 맹렬한 진노의 포도주 잔을 받으매 (20)각 섬도 없어지고 산악도 간데 없더라 (21)또 중수가 한 달란트나 되는 큰 우박이 하늘로부터 사람들에게 내리매 사람들이 그 박재로 인하여 하나님을 훼방하니 그 재앙이 심히 큼이러라

[계 19:17-21]

(17)또 내가 보니 한 천사가 해에 서서 공중에 나는 모든 새를 향하여 큰 음성으로 외쳐 가로되 와서 하나님의 큰 잔치에 모여 (18)왕들의 고기와 장군들의 고기와 장사들의 고기와 말들과 그 탄 자들의 고기와 자유한 자들이나 종들이나 무론대소하고 모든 자의 고기를 먹으라 하더라 (19)또 내가 보매 그 짐승과 땅의 임금들과 그 군대들이 모여 그 말 탄 자와 그의 군대로 더불어 전쟁을 일으키다가 (20)짐승이 잡히고 그 앞에서 이적을 행하던 거짓 선지자도 함께 잡혔으니 이는 짐승의 표를 받고 그의 우상에게 경배하던 자들을 이적으로 미혹하던 자라 이 둘이 산 채로 유황불 붙는 못에 던지우고 (21)그 나머지는 말 탄 자의 입으로 나오는 검에 죽으매 모든 새가 그 고기로 배불리우더라

곧 주님은 사단을 아마겟돈전쟁 후에 무저갱에다가 일천년 동안 감금시키고 천년왕국으로 들어가신다.

[계 20:1-3]

(1)또 내가 보매 천사가 무저갱 열쇠와 큰 쇠사슬을 그 손에 가지고 하늘로서 내려와서 (2)용을 잡으니 곧 옛 뱀이요 마귀요 사단이라 잡아 일천년 동안 결박하여 (3)무저갱에 던져 잠그고 그 위에 인봉하여 천년이 차도록 다시는 만국을 미혹하지 못하게 하였다가 그 후에는 반드시 잠간 놓이리라

그러므로 구약에서 말하는 여호와의 한 날, 그 날은 예수님이 백마 타고 오셔서 인간들과 전쟁을 일으키시는 한 날을 말하는데 그 날에 적그리스도와 거짓선지자가 잡혀서 유황 불못에 사단은 무저갱에 들어가는 날이다.

즉 여호와의 한 날 = 예수님께서 지상으로 백마 타고 오시는 날이다.

지상재림의 날이다. 이 날에 다 일어난다.

분명히 주님이 백마를 타고 오시는데 그를 여호와의 한 날이라 말한다.

그리고 스가랴서에서는 스가랴 14장 3절을 보면 이렇게 말한다. '그 때에 여호와께서 나가사 그 열국을 치시되 이왕 전쟁 날에 싸운 것같이 하시리라' 즉 여호와가 예수님이라는 것이다.

백마 타고 오시는 예수님이 여호와라는 것이다. 할렐루야.

이것은 주님께서 나에게 천상에서 '내가 여호와니라.'라고 하는 말을 많이 들었었다.

스가랴서에서도

그 날에...., 그 날에...., 즉 여호와의 한 날에........라고 말하고 있다. 이 날이 바로 예수님이 지상재림하여 아마겟돈 전쟁을 일으키시는 날이다.

이 날은 '주의 날'이기도 하다 (살후 2:2-4).

또한 시편에서도 이 날을 말하고 있음을 본다.

[시 110:1-7]

(1)(다윗의 시) 여호와께서 내 주에게 말씀하시기를 내가 네 원수로 네 발등상 되게 하기까지 너는 내 우편에 앉으라 하셨도다 (2)여호와께서 시온에서부터 주의 권능의 홀을 내어 보내시리니 주는 원수 중에서 다스리소서 (3)주의 권능의 날에 주의 백성이 거룩한 옷을 입고 즐거이 헌신하니 새벽 이슬 같은 주의 청년들이 주께 나오는도다 (4)여호와는 맹세하고 변치 아니하시리라 이르시기를 너는 멜기세덱의 반차를 좇아 영원한 제사장이라 하셨도다 (5)주의 우편에 계신 주께서 그 노하시는 날에 열왕을 쳐서 파하실 것이라 (6)열방 중에 판단하여 시체로 가득하게 하시고 여러 나라의 머리를 쳐서 파하시며 (7)길가의 시냇물을 마시고 인하여 그 머리를 드시리로다

그리고 이사야서에서 다른 구절들에서도 이 날에 대하여 말하고 있음을 본다.

[사 24:21]

그 날에 여호와께서 높은데서 높은 군대를 벌하시며 땅에서 땅의 왕들을 벌하시리니

이 구절에서 여호와는 계시록에서 백마 타고 오시는 예수님이시다.

[사 25:9]
그 날에 말하기를 이는 우리의 하나님이시라 우리가 그를 기다렸으니 그가 우리를 구원하시리로다 이는 여호와시라 우리가 그를 기다렸으니 우리는 그 구원을 기뻐하며 즐거워하리라 할 것이며

이사야 25장 9절에서도 우리를 구원하시는 분이 여호와라 하신다. 이 여호와는 예수 그리스도를 말한다.

[사 26:20-21]
(20)내 백성아 갈지어다 네 밀실에 들어가서 네 문을 닫고 분노가 지나기까지 잠간 숨을지어다 (21)보라 여호와께서 그 처소에서 나오사 땅의 거민의 죄악을 벌하실 것이라 땅이 그 위에 잦았던 피를 드러내고 그 살해당한 자를 다시는 가리우지 아니하리라

여기서 '여호와께서 그 처소에서 나오사' 이 말 역시 아마겟돈 전쟁을 말하고 있으며.
그 처소에서 나오신 여호와는 예수 그리스도이시다. 할렐루야.

즉 삼위일체의 하나님을 말씀하고 있는 것이다.

(c) 이 날은 또 주님께서 꼬불꼬불한 뱀 리워야단을 벌하시며 바다에 있는 용을 죽이시는 날이다.

[사 27:1]

그 날에 여호와께서 그 견고하고 크고 강한 칼로 날랜 뱀 리워야단 곧 꼬불꼬불한 뱀 리워야단을 벌하시며 바다에 있는 용을 죽이시리라

이 리워야단은 사단을 의미한다. 사단은 옛 뱀, 용이라고도 불리워진다.
그 날은 이 사단이 무저갱에 천년동안 감금되는 날인 것이다.
즉 사단이 벌을 받는 날이다.

[계 20:2-3]

(2)용을 잡으니 곧 옛 뱀이요 마귀요 사단이라 잡아 일천년 동안 결박하여 (3)무저갱에 던져 잠그고 그 위에 인봉하여 천년이 차도록 다시는 만국을 미혹하지 못하게 하였다가 그 후에는 반드시 잠간 놓이리라

그리고 바다에 있는 용은 바다에서 나온 짐승을 말한다 할 수 있는데 이 짐승은 계시록 13장과 11장에 나온다.

[계 11:7]

저희가 그 증거를 마칠 때에 무저갱으로부터 올라오는 짐승이 저희로 더불어 전쟁을 일으켜 저희를 이기고 저희를 죽일 터인즉

[계 13:1]

내가 보니 바다에서 한 짐승이 나오는데 뿔이 열이요 머리가 일곱이라 그 뿔에는 열 면류관이 있고 그 머리들에는 참람된 이름들이 있더라

이 짐승에게 용이 자기의 능력과 보좌와 큰 권세를 준다.

[계 13:2]
내가 본 짐승은 표범과 비슷하고 그 발은 곰의 발 같고 입은 사자의 입 같은데 용이 자기의 능력과 보좌와 큰 권세를 그에게 주었더라

그러므로 이 짐승은 용과 같은 능력과 권세를 가졌다. 그러므로 그가 가진 능력과 권세로 보아 용이라 말할 수도 있다.
그래서 바다에 있는 용이란 바로 이 바다에서 나온 짐승으로 볼 수 있는 것이다.
그리고 이 짐승은 이 날에 산채로 잡혀서 유황 불못에 던져지는 날이다. 이 날이 바로 그가 죽는 날이라 말할 수 있다. 왜냐하면 그가 영원한 불못에 던져지는 날이기 때문이다. 주여!

(d) 또 이 날은 주님이 첫째부활에 참여한 자들과 함께 천년왕국
   으로 들어가시는 날이다.

주님은 '그 날' '여호와의 한 날'에 백마를 타고 지상재림하셔서 아마겟돈 전쟁을 일으키시고 그날에 적그리스도(짐승)와 거짓 선지자를 산채로 유황 불못에 던져 넣으시고 사단은 무저갱에 일천년 동안 감금시키시고 첫째 부활에 참여된 자들과 함께 지상에서 천년왕국에 들어가시는 것이다.
할렐루야.

[슥 14:7-10]

(7)여호와의 아시는 한 날이 있으리니 낮도 아니요 밤도 아니라 어두워 갈 때에 빛이 있으리로다 (8)그 날에 생수가 예루살렘에서 솟아나서 절반은 동해로, 절반은 서해로 흐를 것이라 여름에도 겨울에도 그러하리라 (9)여호와께서 천하의 왕이 되시리니 그 날에는 여호와께서 홀로 하나이실 것이요 그 이름이 홀로 하나이실 것이며 (10)온 땅이 아라바 같이 되되 게바에서 예루살렘 남편 림몬까지 미칠 것이며 예루살렘이 높이 들려 그 본처에 있으리니 베냐민 문에서부터 첫문 자리와 성 모퉁이 문까지 또 하나넬 망대에서부터 왕의 포도주 짜는 곳까지라

[계 20:4-6]

(4)또 내가 보좌들을 보니 거기 앉은 자들이 있어 심판하는 권세를 받았더라 또 내가 보니 예수의 증거와 하나님의 말씀을 인하여 목 베임을 받은 자의 영혼들과 또 짐승과 그의 우상에게 경배하지도 아니하고 이마와 손에 그의 표를 받지도 아니한 자들이 살아서 그리스도로 더불어 천년 동안 왕 노릇하니 (5)(그 나머지 죽은 자들은 그 천년이 차기까지 살지 못하더라) 이는 첫째 부활이라 (6)이 첫째 부활에 참예하는 자들은 복이 있고 거룩하도다 둘째 사망이 그들을 다스리는 권세가 없고 도리어 그들이 하나님과 그리스도의 제사장이 되어 천년 동안 그리스도로 더불어 왕 노릇 하리라

할렐루야.

그러므로 요약하면 구약에서부터 말하는 '그 날', '여호와의 한 날' 즉 '주의 날'은

(a) 주님이 지상재림하시는 날이다.

(b) 아마겟돈 전쟁이 일어나는 날을 말한다.

(c) 적그리스도와 거짓선지자는 유황 불못에 던져지는 날이다.

(d) 사단은 무저갱에 가두어지는 날이다.

(e) 주님이 첫째부활 된 자들과 함께 천년왕국에 들어가시는 날이다

할렐루야. 모두 한 날에 일어나는 일들인 것이다.

10. 어린양의 혼인잔치

I. 어린양의 혼인식과 혼인잔치는 어디서 일어나는가?

계시록 19장을 보면

[계 19:7-14]

(7)우리가 즐거워하고 크게 기뻐하여 그에게 영광을 돌리세 어린 양의 혼인 기약이 이르렀고 그 아내가 예비하였으니 (8)그에게 허락하사 빛 나고 깨끗한 세마포를 입게 하셨은즉 이 세마포는 성도들의 옳은 행실 이로다 하더라 (9)천사가 내게 말하기를 기록하라 어린 양의 혼인 잔치 에 청함을 입은 자들이 복이 있도다 하고 또 내게 말하되 이것은 하나 님의 참되신 말씀이라 하기로 (10)내가 그 발 앞에 엎드려 경배하려 하 니 그가 나더러 말하기를 나는 너와 및 예수의 증거를 받은 네 형제들 과 같이 된 종이니 삼가 그리하지 말고 오직 하나님께 경배하라 예수의 증거는 대언의 영이라 하더라 (11)또 내가 하늘이 열린 것을 보니 보라 백마와 탄 자가 있으니 그 이름은 충신과 진실이라 그가 공의로 심판 하며 싸우더라 (12)그 눈이 불꽃 같고 그 머리에 많은 면류관이 있고 또 이름 쓴 것이 하나가 있으니 자기 밖에 아는 자가 없고 (13)또 그가 피 뿌린 옷을 입었는데 그 이름은 하나님의 말씀이라 칭하더라 (14)하늘에 있는 군대들이 희고 깨끗한 세마포를 입고 백마를 타고 그를 따르더라

어린양의 아내가 혼인할 기약이 이르렀고 그리고 그 아내가 준비되었다고 말하고 있다.

이 말은 아직 어린양과 그 신부가 혼인예식을 하지 않았다는 것이다.

성경은 그렇게 말하고 나서 갑자기 예수님이 하늘에서 백마를 타고 내려오셔서 아마겟돈 전쟁을 일으키시고 그 다음에는 적그리스도와 거짓선지자를 잡아서 산채로 유황 불못에 던져 넣으신 후에 그리고 사단을 일천년 동안 무저갱에다가 감금시키시고 그 다음 첫째부활에 참여한 자들과 함께 천년왕국으로 들어가신다. 그러므로 어린양과 신부가 천년왕국 이전에 결혼예식을 치를 시간이 없는 것이다.

주님은 나에게 다음의 두 가지 사실을 알게 하여 주셨다.

(i) 어린양의 혼인잔치가 천년왕국에서 일어난다는 것이다.

왜냐하면 혼인기약이 이르렀다하여 놓고 아마겟돈 전쟁할 때에 주님이 혼인예식을 할리는 없기 때문이다. 그리고 주님은 아마겟돈 전쟁 후에 바로 천년왕국으로 들어가기 때문이다. 그러므로 신부들은 천년왕국에서 어린양과 결혼식을 올리고 왕과 왕비로서 그리스도로 더불어 천년동안 왕노릇하게 될 것이다.

(ii) 계시록 21장에서 새 하늘과 새 땅에 내려오는 새 예루살렘성 안에는 예수님의 신부들 아내들이 들어 있다는 사실을 알게

하여 주셨다.

[계 21:1-2]
(1)또 내가 새 하늘과 새 땅을 보니 처음 하늘과 처음 땅이 없어졌고 바다도 다시 있지 않더라 (2)또 내가 보매 거룩한 성 새 예루살렘이 하나님께로부터 하늘에서 내려오니 그 예비한 것이 신부가 남편을 위하여 단장한 것 같더라

계속 계 21장에서 하늘에서 하나님께로부터 내려오는 새 예루살렘성을 두고 말하는데 새 예루살렘성은 건물이다. 그러므로 건물이 아내가 될 수는 없다. 즉 그 안에 예수님의 신부들 아내가 들어있다는 것이다. 할렐루야.

그러므로 어린양의 아내(단체)는 천년왕국에 있다가 지금 보이는 이 하늘과 땅이 불로 타서 녹아서 없어지기 전에 하늘에 있는 새 예루살렘성에 잠깐 올라가 있다가 그 새 예루살렘성이 하늘에서 새 하늘과 새 땅으로 내려 올 때에 같이 내려오는 것으로 보여진다. 할렐루야.
그래서 다음의 세 번째 사실까지 알아졌다.

(iii) 즉 어린양의 아내(신부)는 백보좌 심판대를 거치지 않는다는 것이다.

아하, 그렇다. 이제야 모든 것이 맞아 떨어진다. 할렐루야.

주님 감사합니다. 이제야 모든 것이 정리되고 풀리는 느낌이 들었다. 그러므로 이들은

즉 천년왕국이 끝나고 백보좌 심판이 일어나기 전에 이 신부가 하늘로 올리워지는 것이 확실하다. 왜냐하면 이 땅과 하늘이 불에 타서 없어지기 전에 그들이 옮기워져야 할 것이다.
저 천국 즉 낙원의 예루살렘성으로 옮기워지는 것이다.
그러므로 계시록 21장에서 말하는 새 예루살렘성 안에는 어린양의 신부들이 들어 있다.
그래서 요한은 그 새 예루살렘성이 하늘에서 내려올 때에 그 단장한 것이 어린양의 신부와 같다고 요한은 표현하고 있는 것이다.

[계 21:2]
또 내가 보매 거룩한 성 새 예루살렘이 하나님께로부터 하늘에서 내려오니 그 예비한 것이 신부가 남편을 위하여 단장한 것 같더라

[계 21:9-10]
(9)일곱 대접을 가지고 마지막 일곱 재앙을 담은 일곱 천사중 하나가 나아와서 내게 말하여 가로되 이리 오라 내가 신부 곧 어린 양의 아내를 네게 보이리라 하고 (10)성령으로 나를 데리고 크고 높은 산으로 올라가 하나님께로부터 하늘에서 내려오는 거룩한 성 예루살렘을 보이니

할렐루야. 그러므로 이 거룩한 성 예루살렘성 안에는 어린양의 아내가 들어 있음이 확실한 것이다.

II. 그러면 누가 이 어린양의 신부로 새 예루살렘성 안으로 들어가는가?

[마 22:8–13]
(8)이에 종들에게 이르되 혼인 잔치는 예비되었으나 청한 사람들은 합당치 아니하니 (9)사거리 길에 가서 사람을 만나는 대로 혼인 잔치에 청하여 오너라 한 대 (10)종들이 길에 나가 악한 자나 선한 자나 만나는 대로 모두 데려 오니 혼인자리에 손이 가득한지라 (11)임금이 손을 보러 들어올새 거기서 예복을 입지 않은 한 사람을 보고 (12)가로되 친구여 어찌하여 예복을 입지 않고 여기 들어왔느냐 하니 저가 유구무언이어늘 (13)임금이 사환들에게 말하되 그 수족을 결박하여 바깥 어두움에 내어 던지라 거기서 슬피 울며 이를 갊이 있으리라 하니라

이 성안에는 예복을 입은 사람만 들어간다.
그러나 예복입지 않은 사람은 성 바깥 어두운 곳으로 쫓겨나는 것이다.

새 하늘과 새 땅에 새 예루살렘성이 내려오면
새 예루살렘성에는 열두 진주문이 있고 이 문들을 통하여 성에 들어가는 자와 밖에 쫓겨나서 남는 자가 있다.

즉 새 하늘과 새 땅에 성안과 성밖이 구분이 가는 것이다.
성안에는 하나님의 영광이 해같이 빛나는 밤이 없고 더 이상 해가 없으나 하나님으로부터 나오는 빛에 의하여 낮과 같은 곳이

고 성 바깥에는 이 영광의 빛이 비치지 아니하는 바깥 어두운 곳이다. 거기는 슬피 울며 이를 가는 장소이다. 이 장소는 새 하늘과 새 땅이므로 지옥과는 다른 장소인 것이다. 단지 새 예루살렘 성 문밖이다.

그러므로 성안에는 예복 즉 세마포를 입은 어린양의 신부되는 자들만 성안으로 들어간다.

그러나 예복을 입지 않은 자는 성밖에 남게 될 것이다.

주님은 말씀하신다.

[계 16:15]

보라 내가 도적 같이 오리니 누구든지 깨어 자기 옷을 지켜 벌거벗고 다니지 아니하며 자기의 부끄러움을 보이지 아니하는 자가 복이 있도다

[계 19:8]

그에게 허락하사 빛나고 깨끗한 세마포를 입게 하셨은즉 이 세마포는 성도들의 옳은 행실이로다 하더라

그러므로 우리는 늘 주님 앞에 이 세마포 옷을 입고 있어야 한다. 언제 오실지 모르니 말이다.

할렐루야. 항상 깨어 기도하고 말씀에 순종하는 삶을 살아야 하며 내 안에 주님이 주인 되는 삶을 살고 있어야 하는 것이다.

할렐루야.

그러나 예수는 믿었으나 이기지 못하는 삶을 살은 자들은 이 새

예루살렘성 안에 들어가지 못하고 성밖 즉 문 밖에 남게 된다.

[마 22:11-13]
(11)임금이 손을 보러 들어올새 거기서 예복을 입지 않은 한 사람을 보고 (12)가로되 친구여 어찌하여 예복을 입지 않고 여기 들어왔느냐 하니 저가 유구무언이어늘 (13)임금이 사환들에게 말하되 그 수족을 결박하여 바깥 어두움에 내어 던지라 거기서 슬피 울며 이를 갊이 있으리라 하니라

즉 주님의 혼인잔치에 들어오는 모든 사람들은 예복(세마포: 옳은 행실)을 입은 자들인 것이다.
입지 아니하면 혼인잔치에 참여할 수 없다.
그러므로 예복입지 않은 자들은 새 하늘과 새 땅의 새 예루살렘성 바깥, 하나님의 영광의 빛이 없는'바깥 어두운 곳'으로서 슬피 울며 이를 가는 장소로 가게 되는 것이다.

III. 어린양과 신부 즉 아내와의 관계는 천년왕국부터 영원천국까지 지속된다.

계시록 19장에서 어린양과 신부의 혼인기약이 이르렀다하였는데

(i) 혼인의 기간은 얼마정도가 되는가?

계시록 21장을 보면 새 예루살렘성이 어린양의 아내라 하였으니 이 새 예루살렘성은 새 하늘과 새 땅에서 영원히 있을 것인데 그러므로 이 혼인은 영원히 계속된다.

그러므로 계시록 19장에서 어린양의 혼인기약이 이르렀다는 것은 어린양의 신부가 그분의 영원한 아내가 되기 위하여 그 기약이 이르렀다는 말인 것이다. 할렐루야.

(ii) 그러면 혼인잔치는 얼마나 하는 것인가?

첫째로 마태복음 22장 8절서부터 13절을 보면 주님은 예복입지 않은 자를 바깥 어두운 성밖으로 내어 쫓았다. 그러고 보면 이 혼인잔치는 영원천국에서도 일어난다는 것이다.

왜냐하면 영원천국에서도 성밖이 영원히 있기 때문이다.

두 번째로 첫째부활에 참여하여 주님과 천년왕국에 들어가는 이들은 세마포를 입은 자들로서 천년왕국 때부터 그리스도와 더불어 왕노릇한다 하였는데 영원천국에서도 어린양의 아내로서 세세토록 왕노릇한다는 말씀이 나온다(계 22:5).

[계 22:1-5]
(1)또 저가 수정 같이 맑은 생명수의 강을 내게 보이니 하나님과 및 어린 양의 보좌로부터 나서 (2)길 가운데로 흐르더라 강 좌우에 생명 나무가 있어 열 두가지 실과를 맺히되 달마다 그 실과를 맺히고 그 나무 잎사귀들은 만국을 소성하기 위하여 있더라 (3)다시 저주가 없으며 하나

님과 그 어린 양의 보좌가 그 가운데 있으리니 그의 종들이 그를 섬기며 (4)그의 얼굴을 볼 터이요 그의 이름도 저희 이마에 있으리라 (5)다시 밤이 없겠고 등불과 햇빛이 쓸데 없으니 이는 주 하나님이 저희에게 비취심이라 저희가 세세토록 왕 노릇하리로다.

그러므로 어린양의 아내는 사실 천년왕국 때부터 영원토록 그리스도(어린양)와 더불어 세세토록 왕노릇하는 것이다. 즉 주님과 혼인 후에 신부들은 그분의 아내로서 왕과 왕비로서 그분과 더불어 세세토록 왕노릇하게 될 것이다.
그러므로 어린양과 어린양의 아내와의 관계는 천년왕국부터 영원천국까지 지속되는 영원한 관계인 것이다. 할렐루야.

그러므로 주님과 우리는 남편과 아내로서 영원히 함께 살게 되는 것이다.
할렐루야.

11. 순교자들의 피를 신원하여 주는 때

내가 가진 첫 번째 질문은 주님께서 순교자들의 피를 신원하여 주는 때는 언제인가 하는 것이었다.

[계 6:9-11]
(9)다섯째 인을 떼실 때에 내가 보니 하나님의 말씀과 저희의 가진 증거를 인하여 죽임을 당한 영혼들이 제단 아래 있어 (10)큰 소리로 불러 가로되 거룩하고 참되신 대주재여 땅에 거하는 자들을 심판하여 우리 피를 신원하여 주지 아니하시기를 어느 때까지 하시려나이까 하니 (11)각각 저희에게 흰 두루마기를 주시며 가라사대 아직 잠시 동안 쉬되 저희 동무 종들과 형제들도 자기처럼 죽임을 받아 그 수가 차기까지 하라 하시더라

여기서 주님이 내게 알게 하여 주신 것은 그 순교자들의 피를 신원하여 주는 때는 사단의 모든 권세가 파하여지고 이 세상 나라가 주님의 나라로 돌려지는 때라는 것을 알게 하여 주셨다. 즉 공중 권세 잡은 모든 사단의 권세가 무너지는 날인 것이다. 할렐루야.

그러면 이것이 언제인가 하는 것이다.
순교자들을 죽인 것은 사실은 사단이다.
이 사단의 권세가 멸하여지는 날이 언제인가 하는 것이다.

이 때가 언제인가 하면 결국 사단이 벌을 받고 무저갱으로 들어 갈 때를 말한다는 것을 알게 하신다. 왜냐하면 바로 그전에 적그리스도와 거짓선지자가 유황 불못에 던져지고 사단도 무저갱에 들어가면 이제는 이 천하의 나라가 주님께로 돌려질 것이기 때문이다.

그러므로 이 순교자들의 피를 신원하여 주는 날은 이 사단의 모든 권세를 빼앗는 날이 될 것이다. 할렐루야. 그리고 주님은 천년왕국에 들어가신다.

**** 그러나 천년왕국이후에 잠깐 사단이 풀려나와 곡과 마곡을 미혹하여 곡과 마곡전쟁을 일으키는데 쓰임을 받지만 그러나 이 사단의 모든 권세가 사실은 천년왕국 들어가기 전에 다 빼앗겨지는 것이다.
할렐루야. 아멘.
그러다가 곡과 마곡전쟁 후에 사단은 완전히 유황 불못에 영원히 던져진다.

[계 20:10-11]
(10)또 저희를 미혹하는 마귀가 불과 유황 못에 던지우니 거기는 그 짐승과 거짓 선지자도 있어 세세토록 밤낮 괴로움을 받으리라 (11)또 내가 크고 흰 보좌와 그 위에 앉으신 자를 보니 땅과 하늘이 그 앞에서 피하여 간데 없더라

두 번째 질문은

그러면 제단아래 순교자들이 주님께 물어 가로되
땅에 거하는 자들을 심판하여 우리 피를 신원하여 주지 아니하
시기를 어느 때까지 하시려나이까 물으니 주님이 말씀하시기를
저희 동무 종들과 형제들도 자기처럼 죽임을 받아 그 수가 차기
까지   하라 하셨는데

이 수는 어떤 수인가 하는 것이다.

즉 순교자들이 자신들의 피를 언제 신원하여 줄 것인가를 묻고
있었다.
그런데 주님은 천국에서 이때는 바로 사단이 온전히 힘을 잃을
때라고 하셨다.
그러므로 주님은 오늘도 그들의 피를 신원하는 때는 바로 사단
이 그 모든 권세를 잃는 때라 말씀하신 것이다.

그러므로 주님께서 그들에게 흰 두루마기를 주시면서 잠시 동안
동무들의 수가 차기까지 기다리라 하신 것은 바로 순교자의 수
가 사단이 그 힘을 온전히 잃을 때 즉 이 세상 공중권세 잡은 모
든 것을 잃는 때까지 순교한 자들의 수라 볼 수 있다.

어떤 분은 이 숫자가 바로 그 뒤에 나오는 이마에 인 맞은 자의
숫자 십사만 사천이라는 숫자와 동일하다고 한다. 그런데 그것
이 아닌 것이 분명하다.

나에게 주님이 가르쳐 주신 것은 그 동무들의 숫자는 언제까지 합하여져서 계산이 되어져야 하는가 하면 사단이 그 권세를 온전히 잃을 때까지의 주님과 주님의 말씀 때문에 순교한 자들의 숫자인 것이다.

그러므로 이 숫자는 분명히 십사만 사천보다 훨씬 클 것으로 예상된다.

주님오신 이후 주님 때문에 지금까지 순교한 자들의 모든 수에다가 앞으로 대환난이 오는데 그 대환난 때에 목베임을 당하거나 순교하는 자들의 수일 것이다.

그러면 생각을 해보자

지금 전세계의 인구가 지금만 하여도 65억명이다.

미국만하여도 3억의 인구인데 약 95%가 짐승의 표를 다 받고 5%만 안 받을 것이라 하면 3억의 5%는 천 오백만 명이다. 십사만 사천을 넘어도 훨씬 넘는 숫자이다.

그러므로 전세계적으로 표 안 받고 순교하는 자의 수가 십사만 사천을 훨씬 넘는 숫자이다.

지금까지 하나님 때문에 예수님 때문에 그 믿음을 지키느라 순교당한 모든 자의 수이다.

그리고 이 숫자는 주님만 아시는 것 같다.

세 번째 나의 질문은 큰 성 바벨론인 음녀의 정체가 무엇인가? 하는 것이었다.

그런데 주님께서 이 정체를 밝혀주셨다.

이 큰 바벨론성이 음녀라 하였는데 또 이 음녀가 짐승을 탔다 하였다.

이 바벨론 성이 무엇이냐? 하는 것이다.

[계 17:1-18]

(1)또 일곱 대접을 가진 일곱 천사 중 하나가 와서 내게 말하여 가로되 이리 오라 많은 물 위에 앉은 큰 음녀의 받을 심판을 네게 보이리라 (2)땅의 임금들도 그로 더불어 음행하였고 땅에 거하는 자들도 그 음행의 포도주에 취하였다 하고 (3)곧 성령으로 나를 데리고 광야로 가니라 내가 보니 여자가 붉은 빛 짐승을 탔는데 그 짐승의 몸에 참람된 이름들이 가득하고 일곱 머리와 열 뿔이 있으며 (4)그 여자는 자주 빛과 붉은 빛 옷을 입고 금과 보석과 진주로 꾸미고 손에 금잔을 가졌는데 가증한 물건과 그의 음행의 더러운 것들이 가득하더라 (5)그 이마에 이름이 기록되었으니 비밀이라, 큰 바벨론이라, 땅의 음녀들과 가증한 것들의 어미라 하였더라 (6)또 내가 보매 이 여자가 성도들의 피와 예수의 증인들의 피에 취한지라 내가 그 여자를 보고 기이히 여기고 크게 기이히 여기니 (7)천사가 가로되 왜 기이히 여기느냐 내가 여자와 그의 탄바 일곱 머리와 열 뿔 가진 짐승의 비밀을 네게 이르리라 (8)네가 본 짐승은 전에 있었다가 시방 없으나 장차 무저갱으로부터 올라와 멸망으로 들어갈 자니 땅에 거하는 자들로서 창세 이후로 생명책에 녹명되지 못한 자들이 이전에 있었다가 시방 없으나 장차 나올 짐승을 보고 기이히 여기리라 (9)지혜 있는 뜻이 여기 있으니 그 일곱 머리는 여자가 앉은 일곱 산이요 (10)또 일곱 왕이라 다섯은 망하였고 하나는 있고 다른 이는 아

직 이르지 아니하였으나 이르면 반드시 잠간 동안 계속하리라 (11)전에 있었다가 시방 없어진 짐승은 여덟째 왕이니 일곱 중에 속한 자라 저가 멸망으로 들어가리라 (12)네가 보던 열 뿔은 열 왕이니 아직 나라를 얻지 못하였으나 다만 짐승으로 더불어 임금처럼 권세를 일시 동안 받으리라 (13)저희가 한 뜻을 가지고 자기의 능력과 권세를 짐승에게 주더라 (14)저희가 어린 양으로 더불어 싸우려니와 어린 양은 만주의 주시요 만왕의 왕이시므로 저희를 이기실터이요 또 그와 함께 있는 자들 곧 부르심을 입고 빼내심을 얻고 진실한 자들은 이기리로다 (15)또 천사가 내게 말하되 네가 본바 음녀의 앉은 물은 백성과 무리와 열국과 방언들이니라 (16)네가 본바 이 열 뿔과 짐승이 음녀를 미워하여 망하게 하고 벌거벗게 하고 그 살을 먹고 불로 아주 사르리라 (17)하나님이 자기 뜻대로 할 마음을 저희에게 주사 한 뜻을 이루게 하시고 저희 나라를 그 짐승에게 주게 하시되 하나님 말씀이 응하기까지 하심이니라 (18)또 네가 본바 여자는 땅의 임금들을 다스리는 큰 성이라 하더라

즉 여기서 큰 바벨론 성 = 음녀 이다.

나는 지상에서는 그냥 책을 읽을 때에 이 음녀가 천주교라고 생각하였다.
그러나 천국에서 주님께서는 나에게 이 음녀가 '하나님을 대적하여 높아지려고 하는 그것'이라 알게 하여 주셨다. 이것은 한 마디로 사단의 근성이다.
이 세상에서 하나님을 대적하여 우리 인간이 높아지려고 했던 그 모든 것 그것을 조종하는 자는 루시퍼인 것이다.

큰 바벨론성이 무너진다는 것은 이 권세가 무너지는 것임을 알게 하여 주신 것이다.
할렐루야!

사단은 주님께 말한다.
'이것은 내게 넘겨준 것이므로 네가 내게 절하면 이것을 주겠다.'라고 말한다.

[눅 4:5-8]
(5)마귀가 또 예수를 이끌고 올라가서 순식간에 천하 만국을 보이며 (6)가로되 이 모든 권세와 그 영광을 내가 네게 주리라 이것은 내게 넘겨준 것이므로 나의 원하는 자에게 주노라 (7)그러므로 네가 만일 내게 절하면 다 네 것이 되리라 (8)예수께서 대답하여 가라사대 기록하기를 주 너의 하나님께 경배하고 다만 그를 섬기라 하였느니라

처음에 아담과 하와가 가졌던 권세가 그들이 죄를 지은 이후에는 이 권세가 사단에게 넘어갔었는데 이제 이 권세를 주님이 무너뜨리시는 것이다.
즉 세상의 왕의 권세를 무너뜨리시고 세상나라를 이제 하나님께로 돌리는 것이다.
바벨탑이 그랬다.
인간이 바벨탑을 세우고 하나님처럼 높아지려 하였더니 하나님께서 내려오셔서 무너뜨리시고 언어를 흩어서 하나가 되지 못하게 하였다.

여기 나오는 그 여자의 이름, 그 여자가 짐승을 탔는데
그 여자의 이름이 큰 바벨론이라는 것이다.

[계 17:3-5]
(3)곧 성령으로 나를 데리고 광야로 가니라 내가 보니 여자가 붉은 빛
짐승을 탔는데 그 짐승의 몸에 참람된 이름들이 가득하고 일곱 머리와
열 뿔이 있으며 (4)그 여자는 자주 빛과 붉은 빛 옷을 입고 금과 보석과
진주로 꾸미고 손에 금잔을 가졌는데 가증한 물건과 그의 음행의 더러
운 것들이 가득하더라 (5)그 이마에 이름이 기록되었으니 비밀이라, 큰
바벨론이라, 땅의 음녀들과 가증한 것들의 어미라 하였더라

그 음녀가 이 짐승을 타는 것이다. 즉 하나님을 대적하는 권세가
짐승에게 주어졌다라고 보면 된다. 이 짐승이 적그리스도에 들
어가는 짐승이 분명한 것이 일곱 머리와 열 뿔이 있는 짐승이다.
즉 악한 영이다. 사람이 아니다.

[계 13:1]
내가 보니 바다에서 한 짐승이 나오는데 뿔이 열이요 머리가 일곱이라
그 뿔에는 열 면류관이 있고 그 머리들에는 참람된 이름들이 있더라

이 바다는 또한 무저갱이기도 하다.

[계 17:17]
하나님이 자기 뜻대로 할 마음을 저희에게 주사 한 뜻을 이루게 하시고

저희 나라를 그 짐승에게 주게 하시되 하나님 말씀이 응하기까지 하심이니라

[계 19:11-13]
(11)또 내가 하늘이 열린 것을 보니 보라 백마와 탄 자가 있으니 그 이름은 충신과 진실이라 그가 공의로 심판하며 싸우더라 (12)그 눈이 불꽃 같고 그 머리에 많은 면류관이 있고 또 이름 쓴 것이 하나가 있으니 자기 밖에 아는 자가 없고 (13)또 그가 피 뿌린 옷을 입었는데 그 이름은 하나님의 말씀이라 칭하더라

즉 세상나라가 하나님 아버지께로 완전히 돌려지는 때가 주님이 아마겟돈 전쟁으로 인하여 적그리스도와 거짓선지자가 산채로 잡혀서 유황 불못에 들어가는 때인 것이다.
할렐루야.

[계 17:14]
저희가 어린 양으로 더불어 싸우려니와 어린 양은 만주의 주시요 만왕의 왕이시므로 저희를 이기실터이요 또 그와 함께 있는 자들 곧 부르심을 입고 빼내심을 얻고 진실한 자들은 이기리로다

이것은 천년왕국 이전의 아마겟돈 전쟁을 의미한다. 만왕의 왕 만주의 주 예수님이 백마 타고 지상재림하여 이들과 싸워서 적그리스도와 거짓선지자를 유황 불못에 산채로 던질 것이다.
할렐루야.

물 위에 앉은 큰 음녀 = 여자 = 큰 바벨론인데 이 음녀가 그렇게 세상의 사람들로 하여금 하나님을 대적하여 높아지라고 유혹하였던 것이다. ....주여!

이 음녀가 일곱 머리와 열 뿔이 있는 짐승을 탄다. 즉 이 짐승에게 하나님을 대적하는 권세가 주어진다.

그리고 이 짐승은 후삼년 반 동안 적그리스도에게 들어가 활동하는 악한 영인 것이다.
할렐루야. 그리고 이 음녀가 짐승을 탔으므로 그가 활동할 때에 엄청 순교자들이 많이 나올 것이다. 성도들을 죽인다.

[계 17:1-2]
(1)또 일곱 대접을 가진 일곱 천사 중 하나가 와서 내게 말하여 가로되 이리 오라 많은 물 위에 앉은 큰 음녀의 받을 심판을 네게 보이리라 (2)땅의 임금들도 그로 더불어 음행하였고 땅에 거하는 자들도 그 음행의 포도주에 취하였다 하고

즉 이제 이 음녀의 심판이 이른 것이다. 즉 큰 바벨론성이 무너질 때가 온 것이다.
즉 하나님을 대적하는 모든 권세가 무너뜨려지는 때가 온 것이다.

[계 17:18]
또 네가 본바 여자는 땅의 임금들을 다스리는 큰 성이라 하더라

[계 18:1-2]
(1)이 일 후에 다른 천사가 하늘에서 내려오는 것을 보니 큰 권세를 가졌는데 그의 영광으로 땅이 환하여지더라 (2)힘센 음성으로 외쳐 가로되 무너졌도다 무너졌도다 큰 성 바벨론이여 귀신의 처소와 각종 더러운 영의 모이는 곳과 각종 더럽고 가증한 새의 모이는 곳이 되었도다

즉 음녀 = 여자 = 큰 성 = 견고한 성 바벨론

그러므로 계시록 16장에서
일곱째 대접이 쏟아지면서 이 큰 성, 즉 큰 바벨론 성이 무너진다.

[계 16:17-21]
(17)일곱째가 그 대접을 공기 가운데 쏟으매 큰 음성이 성전에서 보좌로부터 나서 가로되 되었다 하니 (18)번개와 음성들과 뇌성이 있고 또 큰 지진이 있어 어찌 큰지 사람이 땅에 있어 옴으로 이같이 큰 지진이 없었더라 (19)큰 성이 세 갈래로 갈라지고 만국의 성들도 무너지니 큰 성 바벨론이 하나님 앞에 기억하신 바 되어 그의 맹렬한 진노의 포도주 잔을 받으매 (20)각 섬도 없어지고 산악도 간데 없더라 (21)또 중수가 한 달란트나 되는 큰 우박이 하늘로부터 사람들에게 내리매 사람들이 그 박재로 인하여 하나님을 훼방하니 그 재앙이 심히 큼이러라

즉 이 큰 성 큰 바벨론 성이 무너지면서 이제는 세상나라의 권세가 사단에게서부터 주님께로 다시 찾아지는바 되는 것이다.

할렐루야.

그러므로

[계 11:15]
일곱째 천사가 나팔을 불매 하늘에 큰 음성들이 나서 가로되 세상 나라가 우리 주와 그 그리스도의 나라가 되어 그가 세세토록 왕 노릇 하시리로다 하니

이 말씀이 이루어지는 것이다. 언제? 일곱 번째 대접이 쏟아졌을 때 말이다.

여섯째 나팔이 불리워지면 전쟁으로 인하여 지구 인구 1/3이 죽고 곧 두 증인이 나타나 3년반을 사역하고 죽고 나서 삼일 반 만에 부활하여 하늘로 올라간다.
그러면 일곱째 나팔이 불리워지고 적그리스도의 후삼년 반이 시작된다.
그 기간 동안에 적그리스도와 거짓선지자는 사람들로 하여금 666표를 강제로 받게 한다.

[계 13:16-18]

(16)저가 모든 자 곧 작은 자나 큰 자나 부자나 빈궁한 자나 자유한 자나 종들로 그 오른손에나 이마에 표를 받게 하고 (17)누구든지 이 표를 가진 자 외에는 매매를 못하게 하니 이 표는 곧 짐승의 이름이나 그 이름의 수라 (18)지혜가 여기 있으니 총명 있는 자는 그 짐승의 수를 세어 보라 그 수는 사람의 수니 육백 육십 륙이니라

이 기간 후에 대접재앙이 차례로 시작되는데 첫째 대접이 쏟아지면 짐승의 우상에게 경배하고 손이나 이마에 표를 받는 자에게는 악하고 헌데가 나는 것이다.

즉 일곱째 천사가 나팔을 불게 되면 일곱 대접재앙이 시작되는데 이 일곱 대접 재앙이 다 쏟아지고 나면 세상나라가 우리 주와 그리스도의 나라가 되어 주님이 세세토록 왕노릇하게 되는 것이다. 할렐루야.

사실은 첫째 대접재앙부터 사단의 권세아래 있는 모든 것들이 무너지기 시작하는 것이다.

즉 첫째 대접이 쏟아지면 주님이 보시기에 그 믿음이 알곡이 되지 못하고 짐승의 우상에게 절하고 이마나 손에 짐승의 표를 받은 쭉정이들에게 그 표를 받은 곳에 악하고 독한 헌데가 생긴다. 그리고
둘째 대접이 쏟아지면 --- 바다가 피로 변하고

셋째 대접이 쏟아지면---- 강과 물의 근원이 피로 변하며

넷째 대접이 쏟아지면---- 해가 사람들을 태우고

다섯째대접이 쏟아지면--- 짐승의 보좌에 대접을 부으니 사람들이 아파서 혀를 깨문다 하였다.

여섯째 대접이 쏟아지면 ---유브라데강이 마르고 동방에서 오는 왕들의 길이 마련되어서 아마겟돈 전쟁이 준비되고 (계시록 16장 참조)

일곱 번째 대접이 쏟아지면 큰 바벨론성이 무너지고/ 아마겟돈 전쟁 - 적그리스도와 거짓선지자가 불못에 던져지고/ 사단이 무저갱에 일천년동안 감금되어진다 (계시록 17장-20장 참조).

즉 점점 재앙이 가중되어서 지금까지 하나님을 대적하여 온 사단의 모든 권세와 그 영광이 다 무너지는 것이다. 할렐루야.

즉 이 세상에서 하나님을 대적하여 높아진 모든 것들이 무너지는데 그것 중에 가장 큰 성 바벨론이 무너짐으로 말미암아 이 세상 나라가 주께로 돌아가는 것이다. 할렐루야.

그것이 언제 일어나느냐면
일곱 번째 대접을 쏟았을 때이다.

[계 18:1-24]
(1)이 일 후에 다른 천사가 하늘에서 내려오는 것을 보니 큰 권세를 가졌는데 그의 영광으로 땅이 환하여지더라 (2)힘센 음성으로 외쳐 가로

되 무너졌도다 무너졌도다 큰 성 바벨론이여 귀신의 처소와 각종 더러운 영의 모이는 곳과 각종 더럽고 가증한 새의 모이는 곳이 되었도다 (3)그 음행의 진노의 포도주를 인하여 만국이 무너졌으며 또 땅의 왕들이 그로 더불어 음행하였으며 땅의 상고들도 그 사치의 세력을 인하여 치부하였도다 하더라 (4)또 내가 들으니 하늘로서 다른 음성이 나서 가로되 내 백성아, 거기서 나와 그의 죄에 참예하지 말고 그의 받을 재앙들을 받지 말라 (5)그 죄는 하늘에 사무쳤으며 하나님은 그의 불의한 일을 기억하신지라 (6)그가 준 그대로 그에게 주고 그의 행위대로 갑절을 갚아주고 그의 섞은 잔에도 갑절이나 섞어 그에게 주라 (7)그가 어떻게 자기를 영화롭게 하였으며 사치하였든지 그만큼 고난과 애통으로 갚아 주라 그가 마음에 말하기를 나는 여황으로 앉은 자요 과부가 아니라 결단코 애통을 당하지 아니하리라 하니 (8)그러므로 하루 동안에 그 재앙들이 이르리니 곧 사망과 애통과 흉년이라 그가 또한 불에 살라지리니 그를 심판하신 주 하나님은 강하신 자이심이니라 (큰바벨론성이 하루만에 무너진다) (9)그와 함께 음행하고 사치하던 땅의 왕들이 그 불붙는 연기를 보고 위하여 울고 가슴을 치며 (10)그 고난을 무서워하여 멀리 서서 가로되 화 있도다 화 있도다 큰 성, 견고한 성 바벨론이여 일시간에 네 심판이 이르렀다 하리로다 (이것이 세 번째 화이다. 화화화) (11)땅의 상고들이 그를 위하여 울고 애통하는 것은 다시 그 상품을 사는 자가 없음이라 (12)그 상품은 금과 은과 보석과 진주와 세마포와 자주 옷감과 비단과 붉은 옷감이요 각종 향목과 각종 상아 기명이요 값진 나무와 진유와 철과 옥석으로 만든 각종 기명이요 (13)계피와 향료와 향과 향유와 유향과 포도주와 감람유와 고운 밀가루와 밀과 소와 양과 말과 수레와 종들과 사람의 영혼들이라 (14)바벨론아 네 영혼의 탐하던 과실이 네게서 떠났으며 맛 있는 것들과 빛난 것들이 다 없어졌으니 사람들이 결코 이것들을 다시 보지 못하리로다 (15)바벨론을 인하여 치부한 이 상품의 상고들이 그 고난을 무서워하여 멀리 서서 울고 애통하여 (16)가로되 화 있도다 화 있도다 큰 성이여 세마포와 자주와 붉은 옷을 입고 금과 보석과 진주로 꾸민 것인데 (17)그러한 부가 일시간에 망하였도다 각 선장과 각처를 다니는 선객들과 선인들과 바다에서 일하는 자들이 멀리 서서 (18)그 불붙는 연기를 보고 외쳐 가로되 이 큰 성과 같은 성이 어디 있느뇨 하며 (19)티끌을 자기 머리에 뿌리고 울고 애통하여 외쳐 가로되 화 있도다 화 있도다 이 큰 성이여 바다에서 배 부리는 모든 자들이 너의 보배로운 상품을 인하여 치부하였더니 일시간에 망하였도다 (20)하늘과 성도들과 사도들과 선지자들아 그를 인하여 즐거워하라 하나님이 너희를 신원하시는 심판을 그에게 하셨음이라 하더라 (성도들, 사도들, 선지자들 다 죽임을 당한 자들보고 즐거워하라고 하신다. 왜냐하면 하나님이 그들을 신원하는 심판을 큰 바벨론성에 하였다는 것이다)

(21)이에 한 힘센 천사가 큰 맷돌 같은 돌을 들어 바다에 던져 가로되 큰 성 바벨론이 이같이 몹시 떨어져 결코 다시 보이지 아니하리로다 (22)또 거문고 타는 자와 풍류하는 자와 퉁소 부는 자와 나팔 부는 자들의 소리가 결코 다시 네 가운데서 들리지 아니하고 물론 어떠한 세공업자든지 결코 다시 네 가운데서 보이지 아니하고 또 맷돌 소리가 결코 다시 네 가운데서 들리지 아니하고 (23)등불 빛이 결코 다시 네 가운데서 비취지 아니하고 신랑과 신부의 음성이 결코 다시 네 가운데서 들리지 아니하리로다 너의 상고들은 땅의 왕족들이라 네 복술을 인하여 만국이 미혹되었도다 (24)선지자들과 성도들과 및 땅 위에서 죽임을 당한

모든 자의 피가 이 성중에서 보였느니라 하더라

그러므로 정확하게
그 수가 차기까지의 답이 여기 계시록 18장 24절에 나온다.
'땅위에서 죽임을 당한 모든 자의 피'가 그 성중에 보였다라고 말한다.
이것이 동무들의 수가 차기까지의 답이다.

그러므로 그 수는 큰 바벨론성이 무너질 때를 말한다. 하루 동안에 이 재앙이 다 이른다하였으니 이 날이 그날인 것이다. 신원의 날 보복의 날인 것이다.
세상나라와 권세가 마귀에게서부터 주님께로 하나님께로 찾아지는 날인 것이다.
할렐루야.

그리고 계시록 18장 20절 말씀은 정확히 그 순교자들의 피를 신원하여 주는 때가 바로 이때라고 말하고 있는 것이다. 할렐루야.

[계 18:20]
하늘과 성도들과 사도들과 선지자들아 그를 인하여 즐거워하라
하나님이 너희를 신원하시는 심판을 그에게 하셨음이라 하더라

 이것이 그 다음 장에 가면 더 확실하여진다.

[계 19:1-2]

(1)이 일 후에 내가 들으니 하늘에 허다한 무리의 큰 음성 같은 것이 있어 가로되 할렐루야 구원과 영광과 능력이 우리 하나님께 있도다 (2)그의 심판은 참되고 의로운지라 음행으로 땅을 더럽게 한 큰 음녀를 심판하사 자기 종들의 피를 그의 손에 갚으셨도다 하고

하나님께서 그 종들의 피를 땅을 더럽게 한 큰 음녀의 손에 갚으셨다고 말하고 있는 것이다.

그러므로 바로 이때가 다섯째 인을 떼었을 때에 제단 밑에 순교자들이 말하기를 '우리의 피를 신원하여 줄 때가 언제니이까?'하는 바로 그 때인 것을 알 수 있는 것이다.
즉 일곱 번째 대접이 쏟아졌을 때 큰 음녀를 심판하는 때인 것이다.

할렐루야.

[계 6:9-11]

(9) 다섯째 인을 떼실 때에 내가 보니 하나님의 말씀과 저희의 가진 증거를 인하여 죽임을 당한 영혼들이 제단 아래 있어 (10) 큰 소리로 불러 가로되 거룩하고 참되신 대주재여 땅에 거하는 자들을 심판하여 우리 피를 신원하여 주지 아니하시기를 어느 때까지 하시려나이까 하니
(11) 각각 저희에게 흰 두루마기를 주시며 가라사대 아직 잠시 동안 쉬되 저희 동무 종들과 형제들도 자기처럼 죽임을 받아 그 수가 차기까지 하라 하시더라

그러면 일곱 번째 대접이 쏟아지면 차례가

(1) 큰 바벨론성 음녀가 심판을 받게 되고 이때가 하나님을 대적하여 높아진 모든 권세가 무너지는 때이며 이때가 바로 순교자들의 피를 신원하여 주는 때인 것이다 (계 18:1-24)

(2) 어린양의 아내가 예비 됨 (계 19:7-10)

(3) 그 후에 주님의 지상재림이 일어나고 (계 19:11-14)

(4) 아마겟돈 전쟁이 일어나며 그로 인하여 적그리스도와 거짓선지자가 산채로 유황 불못에 던져지고 (계 19:15-21)

(4) 사단은 일천년 동안 무저갱에 감금되고 (계 20:1-3)

(5) 주님과 그의 아내가 예비되어 천년왕국에 들어가는 것이다 (계 20:4-6)

그런데 이 모든 것이 하루 동안에 일어나는 것이다. 바로 이 하루가 성경에서 말하는 '그 날', '여호와의 한 날'인 것이다.
할렐루야.

12. 주님의 타작마당

먼저 세례요한이 주님에 대하여 한 말을 보면

[마 3:11-12]
(11)나는 너희로 회개케 하기 위하여 물로 세례를 주거니와 내 뒤에 오시는 이는 나보다 능력이 많으시니 나는 그의 신을 들기도 감당치 못하겠노라 그는 성령과 불로 너희에게 세례를 주실 것이요 (12)손에 키를 들고 자기의 타작 마당을 정하게 하사 알곡은 모아 곡간에 들이고 쭉정이는 꺼지지 않는 불에 태우시리라

세례요한의 말을 보면 주님께서 자신의 타작마당을 정하게 하사 알곡은 모아 곡간에 들이고 쭉정이는 꺼지지 않는 불에 태우신다고 말씀하고 있다.

그런데 이 주님의 타작마당이 놀랍게도 계시록 14장에서 나타나고 있다.

이 타작마당에서 처음 익은 열매로 이스라엘의 십사만사천이 먼저 부활되어 천국으로 올라간다.

[계 14:1-5]

(1)또 내가 보니 보라 어린 양이 시온산에 섰고 그와 함께 십 사만 사천이 섰는데 그 이마에 어린 양의 이름과 그 아버지의 이름을 쓴 것이 있도다 (2)내가 하늘에서 나는 소리를 들으니 많은 물소리도 같고 큰 뇌성도 같은데 내게 들리는 소리는 거문고 타는 자들의 그 거문고 타는 것 같더라 (3)저희가 보좌와 네 생물과 장로들 앞에서 새 노래를 부르니 땅에서 구속함을 얻은 십 사만 사천인 밖에는 능히 이 노래를 배울 자가 없더라 (4)이 사람들은 여자로 더불어 더럽히지 아니하고 정절이 있는 자라 어린 양이 어디로 인도하든지 따라가는 자며 사람 가운데서 구속을 받아 처음 익은 열매로 하나님과 어린 양에게 속한 자들이니 (5)그 입에 거짓말이 없고 흠이 없는 자들이더라

주님은 부활의 첫 열매가 되시는 분이시지만 이스라엘의 십사만 사천은 인침을 받은 자들로서 주님의 타작마당에서 처음 익은 열매로 부활되어 올라가는 것이다.
할렐루야.
그 다음에는 영원한 복음, 심판의 복음을 들고 이방인들에게 말하고 있다.

[계 14: 6-7]

(6)또 보니 다른 천사가 공중에 날아가는데 땅에 거하는 자들 곧 여러 나라와 족속과 방언과 백성에게 전할 영원한 복음을 가졌더라 (7)그가 큰 음성으로 가로되 하나님을 두려워하며 그에게 영광을 돌리라 이는 그의 심판하실 시간이 이르렀음이니 하늘과 땅과 바다와 물들의 근원을

만드신 이를 경배하라 하더라

즉 심판할 시간이 이르렀으니 하나님을 두려워하고 그에게 영광을 돌리라는 것이다.
할렐루야. 하늘과 땅과 바다와 물의 근원을 만드신 이를 경배하라는 것이다.
할렐루야. 아멘.

[계 14:8]
또 다른 천사 곧 둘째가 그 뒤를 따라 말하되 무너졌도다 무너졌도다 큰 성 바벨론이여 모든 나라를 그 음행으로 인하여 진노의 포도주로 먹이던 자로다 하더라

그리고 심판할 시간이 이르렀음을 말하고 그 다음은 큰 성 바벨론이 무너질 시간이 되었음을 말하고 있다. 이 큰 성 바벨론은 사람들로 하여금 하나님을 대적하게 하여 그 사람들이 이마에나 손에 666표를 받게 한 것이다. 그리고 이들은 주님의 타작마당에서 쭉정이들로 구분되어져서 이들이 진노의 포도주 틀에 던져질 뿐 아니라 불에 태워질 것을 말하고 있다.
그리고 이 다음 성경구절은 쭉정이들에 대한 하나님의 심판을 말하고 있다.

[계 14:9-12]
(9)또 다른 천사 곧 세째가 그 뒤를 따라 큰 음성으로 가로되 만일 누

구든지 짐승과 그의 우상에게 경배하고 이마에나 손에 표를 받으면 (10)그도 하나님의 진노의 포도주를 마시리니 그 진노의 잔에 섞인 것이 없이 부은 포도주라 거룩한 천사들 앞과 어린 양 앞에서 불과 유황으로 고난을 받으리니 (11)그 고난의 연기가 세세토록 올라가리로다 짐승과 그의 우상에게 경배하고 그 이름의 표를 받는 자는 누구든지 밤낮 쉼을 얻지 못하리라 하더라 (12)성도들의 인내가 여기 있나니 저희는 하나님의 계명과 예수 믿음을 지키는 자니라

그리고 그 다음에는 대환난 기간 동안 즉 적그리스도의 후삼년 반 동안 순교한 자들에 대한 말이 나오고 있다.

[계 14:3]
또 내가 들으니 하늘에서 음성이 나서 가로되 기록하라 지금 이 후로 주 안에서 죽는 자들은 복이 있도다 하시매 성령이 가라사대 그러하다 저희 수고를 그치고 쉬리니 이는 저희의 행한 일이 따름이라 하시더라

그리고는 드디어 인내로 믿음을 지켜낸 알곡들의 추수장면이 나오는 것이다.

[계 14:14-16]
(14)또 내가 보니 흰 구름이 있고 구름 위에 사람의 아들과 같은 이가 앉았는데 그 머리에는 금 면류관이 있고 그 손에는 이한 낫을 가졌더라 (15)또 다른 천사가 성전으로부터 나와 구름 위에 앉은 이를 향하여 큰 음성으로 외쳐 가로되 네 낫을 휘둘러 거두라 거둘 때가 이르러 땅에

곡식이 다 익었음이로다 하니 (16)구름 위에 앉으신 이가 낫을 땅에 휘두르매 곡식이 거두어지니라

그리고 계시록 14장 마지막에는 쭉정이들을 진노의 포도주 틀에 던져 넣는 장면이 나오는 것이다.

[계 14:17-20]
(17)또 다른 천사가 하늘에 있는 성전에서 나오는데 또한 이한 낫을 가졌더라 (18)또 불을 다스리는 다른 천사가 제단으로부터 나와 이한 낫 가진 자를 향하여 큰 음성으로 불러 가로되 네 이한 낫을 휘둘러 땅의 포도송이를 거두라 그 포도가 익었느니라 하더라 (19)천사가 낫을 땅에 휘둘러 땅의 포도를 거두어 하나님의 진노의 큰 포도주 틀에 던지매 (20)성 밖에서 그 틀이 밟히니 틀에서 피가 나서 말굴레까지 닿았고 일천 육백 스다디온에 퍼졌더라

그러므로 주님의 타작마당에서 일어나는 차례를 보면 다음과 같다.

(1) 십사만사천이 이 타작마당에서 주님보좌 앞으로 처음 익은 열매로 올라간다. (계시록 14: 1-5 참조).
(2) 그 다음 믿음을 지킨 알곡들의 추수가 일어난다(계시록 14:14-16).
(3) 그 다음은 666표를 이마나 손에 받은 쭉정이들에 대한 심판이 일어난다. (계시록 14:17-20).

이마나 손에 666표를 받은 쭉정이들은 지상에서 진노의 포도주 틀에 던져져서 밟히고 그리고 그 다음 영원한 세상에서는 불과 유황에서 고통을 받게 되는 것이다.

여기서 진노의 포도주 틀에 밟힌다는 의미는 이 쭉정이들에 대한 심판이 일곱 대접재앙부터 시작되는 것을 의미한다.

[계 11:15]
(15)일곱째 천사가 나팔을 불매 하늘에 큰 음성들이 나서 가로되 세상 나라가 우리 주와 그 그리스도의 나라가 되어 그가 세세토록 왕 노릇 하시리로다 하니

이 일곱째 나팔이 불리워지면 일곱 대접재앙이 시작되기 때문이다.

쭉정이들을 쭉정이 되게 하는 자는 하나님을 대적하는 권세를 가진 사단이다.

이 사단과 이 사단에 속한 모든 자들이 산산이 부서지는 것이다.

[삼상 2:10]
여호와를 대적하는 자는 산산이 깨어질 것이라 하늘 우뢰로 그들을 치시리로다 여호와께서 땅 끝까지 심판을 베푸시고 자기 왕에게 힘을 주시며 자기의 기름 부음을 받은 자의 뿔을 높이시리로다 하니라

[계 14:9-10]

(9)또 다른 천사 곧 세째가 그 뒤를 따라 큰 음성으로 가로되 만일 누구든지 짐승과 그의 우상에게 경배하고 이마에나 손에 표를 받으면 (10)그도 하나님의 진노의 포도주를 마시리니 그 진노의 잔에 섞인 것이 없이 부은 포도주라 거룩한 천사들 앞과 어린 양 앞에서 불과 유황으로 고난을 받으리니

대접재앙 1 : 악하고 독한 헌데가 666표를 받은 자들에게 발생

대접재앙 2 : 바다가 피로 변함

대접재앙 3 : 강과 물이 피로 변함

대접재앙 4 : 태양이 사람들을 태움

대접재앙 5 : 그 대접을 짐승의 보좌에 쏟으니 그 나라가 곧 어두워지며 사람들이 아파서 자기 혀를 깨물고 아픈 것과 종기가 남

대접재앙 6 : 땅에서 아마겟돈 전쟁을 위한 준비가 되어지고

대접재앙 7 : 큰 바벨론 성은 무너지고(신원의 때) 아마겟돈전쟁이 일어나며 짐승과 거짓선지자가 산채로 불못에 던져지고 사단은 무저갱에 일천년 동안 감금됨

[계 16:1-21]

(1)또 내가 들으니 성전에서 큰 음성이 나서 일곱 천사에게 말하되 너희는 가서 하나님의 진노의 일곱 대접을 땅에 쏟으라 하더라 (2)첫째가 가서 그 대접을 땅에 쏟으매 악하고 독한 헌데가 짐승의 표를 받은 사람들과 그 우상에게 경배하는 자들에게 나더라 (3)둘째가 그 대접을 바다

에 쏟으매 바다가 곧 죽은 자의 피 같이 되니 바다 가운데 모든 생물이 죽더라 (4)세째가 그 대접을 강과 물 근원에 쏟으매 피가 되더라 (5)내가 들으니 물을 차지한 천사가 가로되 전에도 계셨고 시방도 계신 거룩하신이여 이렇게 심판하시니 의로우시도다 (6)저희가 성도들과 선지자들의 피를 흘렸으므로 저희로 피를 마시게 하신 것이 합당하니이다 하더라 (7)또 내가 들으니 제단이 말하기를 그러하다 주 하나님 곧 전능하신 이시여 심판하시는 것이 참되시고 의로우시도다 하더라 (8)네째가 그 대접을 해에 쏟으매 해가 권세를 받아 불로 사람들을 태우니 (9)사람들이 크게 태움에 태워진지라 이 재앙들을 행하는 권세를 가지신 하나님의 이름을 훼방하며 또 회개하여 영광을 주께 돌리지 아니하더라 (10)또 다섯째가 그 대접을 짐승의 보좌에 쏟으니 그 나라가 곧 어두워지며 사람들이 아파서 자기 혀를 깨물고 (11)아픈 것과 종기로 인하여 하늘의 하나님을 훼방하고 저희 행위를 회개치 아니하더라 (12)또 여섯째가 그 대접을 큰 강 유브라데에 쏟으매 강물이 말라서 동방에서 오는 왕들의 길이 예비되더라 (13)또 내가 보매 개구리 같은 세 더러운 영이 용의 입과 짐승의 입과 거짓 선지자의 입에서 나오니 (14)저희는 귀신의 영이라 이적을 행하여 온 천하 임금들에게 가서 하나님 곧 전능하신 이의 큰 날에 전쟁을 위하여 그들을 모으더라 (15)보라 내가 도적 같이 오리니 누구든지 깨어 자기 옷을 지켜 벌거벗고 다니지 아니하며 자기의 부끄러움을 보이지 아니하는 자가 복이 있도다 (16)세 영이 히브리 음으로 아마겟돈이라 하는 곳으로 왕들을 모으더라 (17)일곱째가 그 대접을 공기 가운데 쏟으매 큰 음성이 성전에서 보좌로부터 나서 가로되 되었다 하니 (18)번개와 음성들과 뇌성이 있고 또 큰 지진이 있어 어찌 큰지 사람이 땅에 있어 옴으로 이같이 큰 지진이 없었더라 (19)큰 성이 세 갈래로 갈라지고 만국의 성들도 무너지니 큰 성 바벨론이 하나님 앞에 기억하신 바 되어 그의 맹렬한 진노의 포도주 잔을 받으매 (20)각 섬도 없어지고 산악도 간데 없더라 (21)또 중수가 한 달란트나 되는 큰 우박이 하늘로부터 사람들에게 내리매 사람들이 그 박재로 인하여 하나님을 훼방하니 그 재앙이 심히 큼이러라

그 다음에는 19장에서 어린양의 아내가 예비 되어지고 그 다음은 주님의 백마 타고 지상 재림하셔서 적그리스도와 아마겟돈 전쟁을 일으키며 결국은 적그리스도와 거짓선지자들을 불못에 산채로 던져 넣고 주님께서는 20장에서 사단을 무저갱에 일천년 동안 감금하고 첫째부활에 참여된 자들과 함께 지상에서 천년왕국에 들어가시는 것이다.
그리고 천년왕국에서 어린양과 신부가 혼인식이 치러지며 혼인잔치를 하는데 이것은 영원까지 지속되는 것이다.

그러므로 타작마당의 결론은 다음 히브리서 6장에서 결론을 맺고 있다.

[히 6:7-8]
(7)땅이 그 위에 자주 내리는 비를 흡수하여 밭 가는 자들의 쓰기에 합당한 채소를 내면 하나님께 복을 받고 .... 알곡
(8)만일 가시와 엉겅퀴를 내면 버림을 당하고 저주함에 가까와 그 마지막은 불사름이 되리라........ 쭉정이

이 알곡들은 한마디로 예수 믿음을 지키는 자들이다.

주님의 타작마당이 이방인들에게는 짐승의 표, 666표를 받는가? 안 받는가? 에 따라서 구분이 되어지는 것이다.

주님께서는 천상에서 나에게 베리칩이 666이라 하셨다.

그리고 이 666표를 받는 즉시에 예수 믿는 자에게서 성령이 떠나신다 하신 것이다.

그러므로 아무리 오래 믿었어도 짐승의 표를 이마나 손에 받으면 구원을 잃어버리는 것이다.

13. 백보좌 심판대와 그리스도의 심판대

(i) 누가 백보좌 심판대 앞에 서게 되는가?

둘째 부활에 참여하는 모든 자들이 백보좌 심판대에 서게 될 것이다.

[계 20:11-12]
(11)또 내가 크고 흰 보좌와 그 위에 앉으신 자를 보니 땅과 하늘이 그 앞에서 피하여 간데 없더라 (12)또 내가 보니 죽은 자들이 무론대소하고 그 보좌 앞에 섰는데 책들이 펴 있고 또 다른 책이 펴졌으니 곧 생명책이라 죽은 자들이 자기 행위를 따라 책들에 기록된 대로 심판을 받으니

첫째 부활에 참여하지 못한 자들은 천년이 차기까지 부활하지 못하더라 했는데
첫째 부활에 참여하지 못한 자들은

1. 창세 이후로 생명책에 녹명되지 못한 모든 자들, 즉 예수 믿지 아니하여 음부에 있는 모든 자들과 구원은 받았었으나 그 이름이 생명책에서 지워진 모든 자들
2. 그리고 낙원에 갔으나 이기지 못한 자들로서 첫째 부활에 참여하지 못한 자들

3. 그리고 천년왕국 때에 천년왕국 바깥에서 살면서 예수를 믿게
   된 자들

2와 3의 그룹은 낙원에 영체로 있으면서 이 둘째 부활에 참여하
게 될 것이다.
이들은 천년왕국이 끝난 후에 사단이 영원한 불못에 던져지고
난 이후에 백보좌 심판이 일어날 때에 다 부활하게 되는 것이다.

[계 20:5]
(그 나머지 죽은 자들은 그 천년이 차기까지 살지 못하더라) 이는 첫째
부활이라

그러나 첫째 부활에 참여하여 천년왕국을 거친 자들은 이 세상
이 불에 타서 없어지기 전에 낙원에 있는 새 예루살렘성에 옮겨
졌다가 이 성이 새 하늘과 새 땅에 내려올 때 그 성과 같이 내려
오는 것으로 보인다.
그러므로 그들은 백보좌 심판대를 거치지 아니하는 것으로 보
인다.
그 이유 :

계시록 21장 1절에서 2절을 보면
새 하늘과 새 땅이 열리고 그 다음 새 예루살렘성이 하늘에서 하
나님께로부터 내려온다 하였다.
그런데 이 성은 신부와 같이 단장하고 있다 하였다.

즉 이 예루살렘성 안에 이미 첫째부활에 참여된 자들이 이 안에 같이 내려오는 것이다.

이들은 백보좌 심판대를 거치지 않고 하늘에 있는 바로 이 성안에 들어갔다가 새 하늘과 새 땅이 열렸을 때에 이 성과 같이 내려오는 것으로 보인다. 그래서 요한은 새 예루살렘성을 신부가 남편을 위하여 단장한 것 같더라고 말하고 있는 것이다.

[계 21:1-2]

(1)또 내가 새 하늘과 새 땅을 보니 처음 하늘과 처음 땅이 없어졌고 바다도 다시 있지 않더라 (2)또 내가 보매 거룩한 성 새 예루살렘이 하나님께로부터 하늘에서 내려오니 그 예비한 것이 신부가 남편을 위하여 단장한 것 같더라

또한 요한은 이 새 예루렘성을 어린양의 아내로 표현하였다.
할렐루야.

[계 21:9-10]

(9)일곱 대접을 가지고 마지막 일곱 재앙을 담은 일곱 천사중 하나가 나아와서 내게 말하여 가로되 이리 오라 내가 신부 곧 어린 양의 아내를 네게 보이리라 하고 (10)성령으로 나를 데리고 크고 높은 산으로 올라가 하나님께로부터 하늘에서 내려오는 거룩한 성 예루살렘을 보이니

성이 예수님의 신부가 될 수는 없는 일..... 그 안에 있는 예수님의 신부들이 들어 있는 것이다. 이들의 혼인잔치는 천년왕국 때에

일어난 것으로 보인다.

(ii) 그리스도의 심판대라는 의미 :

그리스도인들이 그들이 예수 믿은 이후에 이 땅위에서 살면서 선악간에 행한 행위에 대하여 심판받는 장소이다.

[고후 5:10]
이는 우리가 다 반드시 그리스도의 심판대 앞에 드러나 각각 선악간에 그 몸으로 행한 것을 따라 받으려 함이라

(iii) 그리스도의 심판대는 언제 열려지는가?

이 그리스도의 심판대는 새 하늘과 새 땅에 새 예루살렘성이 내려오기 전에는 분명히 일어나는 것으로 보인다.
왜냐하면 이 심판으로 인하여 누가 성안에 들어갈지 누가 성밖에 남을지가 결정이 되며 또한 성밖에서도 어떠한 벌을 받게 될 것인지 정하여져야 하기 때문이다.
그러므로 계시록 21장 1-3절이 일어나기 전에는 반드시 일어나는 것으로 보인다.

[계 21:1-3]
(1)또 내가 새 하늘과 새 땅을 보니 처음 하늘과 처음 땅이 없어졌고 바다도 다시 있지 않더라 (2)또 내가 보매 거룩한 성 새 예루살렘이 하나

님께로부터 하늘에서 내려오니 그 예비한 것이 신부가 남편을 위하여 단장한 것 같더라 (3)내가 들으니 보좌에서 큰 음성이 나서 가로되 보라 하나님의 장막이 사람들과 함께 있으매 하나님이 저희와 함께 거하시리니 저희는 하나님의 백성이 되고 하나님은 친히 저희와 함께 계셔서

그러나 첫째 부활에 참여하는 자들은 이미 천년왕국에 들어갈 때 상급이 다 정하여지는 것 같다.
왜냐하면 성경에서는 부활할 때의 영광이 다 틀리다 하였기 때문이다.

[고전 15:41-44]
(41)해의 영광도 다르며 달의 영광도 다르며 별의 영광도 다른데 별과 별의 영광이 다르도다 (42)죽은 자의 부활도 이와 같으니 썩을 것으로 심고 썩지 아니할 것으로 다시 살며 (43)욕된 것으로 심고 영광스러운 것으로 다시 살며 약한 것으로 심고 강한 것으로 다시 살며 (44)육의 몸으로 심고 신령한 몸으로 다시 사나니 육의 몸이 있은즉 또 신령한 몸이 있느니라

(iv) 그러면 이 그리스도의 심판대에 서는 자들이 누구인가?

1. 첫째부활에 참여하지 못한 그리스도인들 (이기는 삶을 살지 못한 그리스도인들)
2. 천년왕국 때에 바깥에서 예수 믿은 자들 (여기는 이기는 삶을 산 자들과 이기지 못한 삶을 산자들이 섞여 있을 것이다.)

이들은 다 낙원에 있다가 둘째 부활에 참여하는 자들인 것이다.

(v) 백보좌에 앉으시는 분은 누구신가?

[마 10:28]
몸은 죽여도 영혼은 능히 죽이지 못하는 자들을 두려워하지 말고 오직 몸과 영혼을 능히 지옥에 멸하시는 자를 두려워하라 몸은 죽여도 영혼은 능히 죽이지 못하는 자들은 사단과 그 부하들을 말한다. 그러나 몸과 영혼을 능히 지옥에 멸하시는 그가 바로 이 백보좌에 앉으시는 분인 것이다.

[계 20:15]
누구든지 생명책에 기록되지 못한 자는 불못에 던지우더라

왜냐하면 영원한 불못 심판이 백보좌 심판대에서 일어나기 때문이다.

그러므로 이 백보좌에는 몸과 영혼을 능히 지옥에 멸하시는 분이 앉으신다.
이 때의 몸은 둘째부활에 참여한 부활된 몸이다.

그러면 이 분은 여호와 하나님이신가? 예수님이신가?
그 다음 백보좌 심판대에는 생명책과 행위를 적은 책들이 펴져 있다.

[계 20:11-14]

(11)또 내가 크고 흰 보좌와 그 위에 앉으신 자를 보니 땅과 하늘이 그 앞에서 피하여 간데 없더라 (12)또 내가 보니 죽은 자들이 무론대소하고 그 보좌 앞에 섰는데 책들이 펴 있고 또 다른 책이 펴졌으니 곧 생명책이라 죽은 자들이 자기 행위를 따라 책들에 기록된 대로 심판을 받으니 (13)바다가 그 가운데서 죽은 자들을 내어주고 또 사망과 음부도 그 가운데서 죽은 자들을 내어주매 각 사람이 자기의 행위대로 심판을 받고 (14)사망과 음부도 불못에 던지우니 이것은 둘째 사망 곧 불못이라

내가 천상에서 주님께 이 백보좌에 앉으시는 분이 누구십니까? 하고 주님께 물었는데 주님께서는 '나다.'라고 말씀하셨다. 즉 주님이 앉으신다는 것이다 (435p. 계시록 이해. 백보좌에 앉으시는 분이 주님이심을 밝혀주시다. 참조).

여호와 하나님은 예수님이시다. 여호와 하나님은 주님이시다.
그 증거들은 다음과 같다.

즉 스가랴 14장 3절에서 '그 때에 여호와께서 나가사'
이 여호와는 계시록에서 백마 타고 지상 재림하셔서 아마겟돈 전쟁을 일으키시는 예수 그리스도이시다.

[슥 14:1-3]
(1)여호와의 날이 이르리라 그 날에 네 재물이 약탈되어 너의 중에서 나누이리라 (2)내가 열국을 모아 예루살렘과 싸우게 하리니 성읍이 함락되

며 가옥이 약탈되며 부녀가 욕을 보며 성읍 백성이 절반이나 사로잡혀 가려니와 남은 백성은 성읍에서 끊쳐지지 아니하리라 (3)그 때에 여호와께서 나가사 그 열국을 치시되 이왕 전쟁 날에 싸운 것같이 하시리라

또 이사야 26장 21절에서는 여호와께서 그 처소에서 나오사 땅의 거민들을 벌하신다 하였는데 이 여호와가 바로 계시록에 나오는 백마 타고 지상재림하시는 예수님을 말씀하고 있는 것이다.

[사 26:21]
보라 여호와께서 그 처소에서 나오사 땅의 거민의 죄악을 벌하실 것이라 땅이 그 위에 잦았던 피를 드러내고 그 살해 당한 자를 다시는 가리우지 아니하리라

여호와 하나님 = 예수 그리스도이신 것이다. 할렐루야.
그분이 백보좌에 앉으신다는 것이다 .

(vi) 첫째부활에 참여된 자들 :

이들은 영화로운 몸을 가진다.
천년왕국에 참여되는 자들은 부활되어 영화로운 몸을 가진다.
시집도 장가도 가지 않는다. 그러므로 천년왕국 안에서는 아이를 낳지 않는다.
주님이 부활하셔서 영화로운 몸을 가지신 것처럼 첫째 부활에 참여되는 자들도 영화로운 몸을 가지고 천년왕국에 들어간다.

[고전 15:20]

그러나 이제 그리스도께서 죽은 자 가운데서 다시 살아 잠자는 자들의 첫 열매가 되셨도다

[고전 15:23]

그러나 각각 자기 차례대로 되리니 먼저는 첫 열매인 그리스도요 다음에는 그리스도 강림하실 때에 그에게 붙은 자요

즉 예수그리스도가 부활의 첫 열매가 되시고 그 다음에는 그리스도가 강림하실 때에 그에게 붙은 자들이라 하였는데 즉 첫째 부활에 참여되는 모든 자들을 말한다.

그 다음은 둘째부활이다.

[고전 15:21-26]

(21)사망이 사람으로 말미암았으니 죽은 자의 부활도 사람으로 말미암는도다 (22)아담 안에서 모든 사람이 죽은 것같이 그리스도 안에서 모든 사람이 삶을 얻으리라 (23)그러나 각각 자기 차례대로 되리니 먼저는 첫 열매인 그리스도요 다음에는 그리스도 강림하실 때에 그에게 붙은 자요 (24)그 후에는 나중이니 저가 모든 정사와 모든 권세와 능력을 멸하시고 나라를 아버지 하나님께 바칠 때라 (25)저가 모든 원수를 그 발아래 둘 때까지 불가불 왕 노릇 하시리니 (26)맨 나중에 멸망 받을 원수는 사망이니라

즉 첫 열매에 대한 내용은 고전 15:21
그 다음 첫째부활에 참여되는 자들을 말한 내용은 고전 15:23
그 다음 둘째부활에 참여되는 자들을 말한 내용은 고전 15:26이
라 볼 수 있다.

부활된 몸은 영화로운 몸이다.

[눅 24:39]
내 손과 발을 보고 나인 줄 알라 또 나를 만져보라 영은 살과 뼈가 없
으되 너희 보는 바와 같이 나는 있느니라

[마 22:29-30]
(29)예수께서 대답하여 가라사대 너희가 성경도, 하나님의 능력도 알지
못하는 고로 오해하였도다 (30)부활 때에는 장가도 아니가고 시집도 아
니가고 하늘에 있는 천사들과 같으니라

(vii) 지금까지 예수 믿고 죽은 자들은 부활하기 전까지 영체로
　　 낙원에 있다.

이들은 아직 첫째부활에 참여되지 않았으므로 그들은 아직 부활
의 몸을 입고 있지 않다.
왜냐하면 주님이 공중재림하실 때에 이들이 주안에서 이기는 삶
을 살았으므로 주님은 이들을 공중휴거 때에 먼저 영체에서 영
화로운 몸으로 부활시키셔서 구름위에 데리고 오실 것이기 때문

이다. 그러므로 이들은 그 때까지 낙원에서 영체로 있는 것이다.
할렐루야.

현재 이 낙원에는 우리가 아는 모든 믿음의 선진들, 아브라함, 이
삭, 야곱, 요셉, 다윗, 솔로몬, 등등 베드로, 요한, 바울, 에스더, 마
리아 등 이들이 다 낙원에 있다. 그리고 이때까지 예수 믿고 죽은
자들이 다 낙원에 있는 것이다.
이들은 현재 다 영체로 있는 것이다. 아직 영화로운 몸을 입고 있
지 않다.
그러므로 나는 현재 그들을 만나는 것이 그들의 영체를 만나고
있는 것이다.

변화산상에서 주님이 모세와 엘리야와 이야기를 나누는 것을 베
드로, 요한, 야고보가 보았다.
그리고 베드로는 이들이 즉시 모세와 엘리야인 것을 알고 이들
을 위하여 그리고 주님을 위하여 초막 셋을 짓겠다고 하였다.
나도 마찬가지이다. 지금 현재 내가 낙원(천국)에서 이들을 만나
는 것이 바로 그들의 영체를 만나고 있는 것이다.

(viii) 둘째부활

이 둘째부활은 백보좌 심판 때에 일어난다.
이때에는 둘째부활에 참여하는 모든 자가 영원히 썩지 않고 멸
하지 않는 몸을 입는 것이다. 즉 부활한다. 이때에는 음부에 있는

모든 자가 사망의 부활로, 첫째부활에 참여하지 못한 낙원에 있는 모든 자가 생명의 부활로 일어날 것이다.

그리고 부활한 채로 생명책에 이름이 없는 자마다 불못에 던져지게 될 것이다.

그래서 주님은 말씀하신다.

'몸(부활된 몸)과 영혼을 지옥에 던져 넣는 그를 두려워하라.'

[마 10:28]

몸은 죽여도 영혼은 능히 죽이지 못하는 자들을 두려워하지 말고 오직 몸과 영혼을 능히 지옥에 멸하시는 자를 두려워하라

첫 번째 몸은 현재 죽고 썩고 없어질 몸을 말하고 그러나 두 번째 몸은 부활된 몸을 말한다.

그러므로 영원한 불못은 지옥이다.

그리고 낙원에 있으나 이기는 자의 삶을 살지 못하여 첫째부활에 참여하지 못했던 자들은 천년왕국에 들어가지 못하고 천년이 지난 후에 백보좌 심판이 일어날 때에 둘째부활 때에 부활하지만 그들은 그리스도의 심판대에서 심판을 받게 될 것이다.

[고후 5:9–10]

(9)그런즉 우리는 거하든지 떠나든지 주를 기쁘시게 하는 자 되기를 힘쓰노라 (10)이는 우리가 다 반드시 그리스도의 심판대 앞에 드러나 각각

선악간에 그 몸으로 행한 것을 따라 받으려 함이라

그리고 천년왕국에 들어가지 못하고 바깥에 산 자들이 있는데 그들도 천년동안 살고 죽으면서 예수 믿은 자는 낙원에 가고 예수 믿지 않고 죽은 자는 음부에 갈 것이다.

이들도 둘째부활 때에 부활한다.

(ix) 백보좌 심판대가 그리스도의 심판대이다.

백보좌 심판대가 그리스도의 심판대라고 보는 이유 :

1. 첫째, 백보좌 심판대에 예수님이 앉으신다. 주님은 자신이 백보좌 심판대에 앉으신다고 밝혀 주셨다 (435p. 계시록 이해. 백보좌에 앉으시는 분이 주님이심을 밝혀주시다. 참조).
그러므로 백보좌 심판대가 예수를 믿는 그리스도인들에게는 그리스도의 심판대가 될 수 있는 것이다.

[고후 5:10]
이는 우리가 다 반드시 그리스도의 심판대 앞에 드러나 각각 선악간에 그 몸으로 행한 것을 따라 받으려 함이라

[계 22:12]
보라 내가 속히 오리니 내가 줄 상이 내게 있어 각 사람에게 그의 일한

대로 갚아 주리라

2. 둘째로는 새 하늘과 새 땅이 열리기 전에 그리스도의 심판대
가 있어야 한다.
왜냐하면 새 예루살렘성이 내려올 때에 새 하늘과 새 땅에서 이
미 성안과 성밖이 구분이 가기 때문이다.
그러므로 그리스도의 심판대는 새 하늘과 새 땅이 열리기 전에
일어나야 하는 심판이다.
그런데 새 하늘과 새 땅이 열리기 전에 일어나는 심판대는 성경
에 기록되어 있는 것을 보면 백보좌 심판밖에 없다.
그러므로 이 백보좌 심판대가 그리스도인에게는 그리스도의 심
판대가 되어야 한다.
왜냐하면 성경은 더하지도 말고 빼지도 말라 하셨기 때문이다.

3. 셋째로는 백보좌 심판대 위에는 행위록이 펼쳐져 있는데 죽은
자들이 무론대소하고 서서 행위대로 심판을 받는다 하였다. 그
러므로 그리스도인들도 선악간에 행한 대로 심판을 받게 될 것
이다.

[고후 5:10]
이는 우리가 다 반드시 그리스도의 심판대 앞에 드러나 각각 선악간에
그 몸으로 행한 것을 따라 받으려 함이라

4. 넷째로는 생명책에 이름이 없는 자마다 불못에 던져지더라 하

였는데

이 말은 생명책에 이름이 있는 자들도 있다는 말인 것이다. 즉 백보좌 심판대에 예수 믿는 자들도 선다는 것을 알 수 있다. 할렐루야.

성경을 보면 부활 때에 해의 영광이 다 다르고 달의 영광이 다르며 별의 영광이 다르고 별과 별의 영광이 다르다 하였다.

그러므로 사실 첫째부활에 참여하는 자들은 부활 때에 이미 그들이 다 아는 것이다. 즉 그들의 상급이 다 정하여진 것이다.

백보좌 심판대에서는 즉 그리스도의 심판대에서는

첫째부활에 참여하지 못했던 자들이 둘째부활에 참여하여 심판을 받게 될 것이다.

이들은 이 세상을 살아갈 때에 이기지 못한 삶을 산 자들이다.

이들이 백보좌 심판대에 서서 심판을 받으나 그들에 대한 심판은 그들이 그리스도인들이므로 그 백보좌 심판대를 그리스도의 심판대라고 부를 수 있는 것이다. 왜냐하면 또 거기에는 예수 그리스도가 앉으시기 때문이다.

계시록에서는 그리스도의 심판대가 따로 나오지 않는다.

그러므로 그리스도의 심판대가 백보좌 심판대인 것을 알 수 있다.

예수 믿지 아니하는 자들에게 대한 심판은 백보좌 심판대인 것이다. 그들에게는 그리스도의 심판대라고 할 수 없는 것이다.

그리고 이때의 그리스도의 심판대에서는 천년왕국 바깥에서 예수 믿은 자들도 서게 될 것이다.

할렐루야.

(x) 천년왕국에 들어간 즉 첫째부활에 속한 자들은 백보좌 심판대에 서지 아니한다.

백보좌 심판 때를 보면 이미 지금 보이는 하늘과 땅이 없어진다. 이것은 베드로 후서에서 말하는 지금 보이는 하늘과 땅이 불에 타서 풀어지고 모든 체질(요소: elements)이 뜨거운 불에 녹아서 없어지는 것이다.

[벧후 3:10-13]
(10)그러나 주의 날이 도적같이 오리니 그 날에는 하늘이 큰 소리로 떠나 가고 체질이 뜨거운 불에 풀어지고 땅과 그 중에 있는 모든 일이 드러나리로다 (11)이 모든 것이 이렇게 풀어지리니 너희가 어떠한 사람이 되어야 마땅하뇨 거룩한 행실과 경건함으로 (12)하나님의 날이 임하기를 바라보고 간절히 사모하라 그 날에 하늘이 불에 타서 풀어지고 체질이 뜨거운 불에 녹아지려니와 (13)우리는 그의 약속대로 의의 거하는바 새 하늘과 새 땅을 바라보도다

그러므로 천년왕국에 들어간 어린양의 신부들은 지금 보이는 하늘과 땅이 불에 타서 없어지기 전에 그들은 당연히 하늘로 올리워졌을 것이다.
그리고 이들은 나중에 새 하늘과 새 땅에 새 예루살렘성이 하늘에서 내려올 때에 같이 내려오게 될 것이다. 할렐루야.

14. 낙원과 천국, 그리고 영원천국

I. 낙원 = 천국인 이유:

(i) 원어로 다 동일한 천국 ouranon(3772), ouranou(3772), ouranow(3772), ouranwn(3772) 어미만 조금씩 다르지 어원은 다 동일하게 천국을 의미하고 있다.

다음 구절들에서 원어비교가 필요하다 느껴져서 찾아서 비교하여 보았다.

(1) 요한복음 3장 13절이다.

[요 3:13]
하늘에서 내려온 자 곧 인자 외에는 하늘에 올라간 자가 없느니라
No one has ever gone into heaven except the one who came from heaven--the Son of Man.

처음에 쓰인 하늘에서 내려온 자 할 때에 하늘은 헬라어의 원어를 보면
ouranon ((3772))
그 다음 하늘에 올라간 자가 없느니라 할 때에 하늘의 헬라어 원

어를 보면

ouranou ((3772))이다.

ouranou ((3772), ouranw ((3772)) : 원어의 의미 : 하늘, 천국, 공중 등의 의미

그러므로 여기서 쓰여진 의미가 하늘 = 천국 = 낙원 = 셋째 하늘 이라는 말이다.

(2) 고린도후서 12장 2절에서 말하는 셋째 하늘에 대하여 보자

[고후 12:2]
내가 그리스도 안에 있는 한 사람을 아노니 십 사년 전에 그가 세째 하늘에 이끌려 간 자라 (그가 몸 안에 있었는지 몸 밖에 있었는지 나는 모르거니와 하나님은 아시느니라)
I know a man in Christ who fourteen years ago was caught up to the third heaven. Whether it was in the body or out of the body I do not know--God knows.

tritou ((5154)) ouranou ((3772)) : 셋째 하늘
즉 이때에도 동일한 ouranou 가 쓰여지고 있다.

ouranou ((3772)) 여기도 같은 헬라어. 천국, 하늘로 쓰이고 있다.

즉 사도 바울이 올라간 하늘도 바로 하늘 = 천국 = 낙원 = 셋째 하늘로 볼 수 있는 것이다.
할렐루야.

그러므로 부자와 거지 나사로가 죽었을 때에 거지 나사로는 낙원으로 갔다.
아브라함은 이미 낙원(= 천국 = 하늘 = 셋째하늘)에 있기 때문이다.

(3) 하늘에서 하나님께로부터 새 예루살렘이 내려오는 이 '하늘'을 보자

[계 21:2]
또 내가 보매 거룩한 성 새 예루살렘이 하나님께로부터 하늘에서 내려오니 그 예비한 것이 신부가 남편을 위하여 단장한 것 같더라
I saw the Holy City, the new Jerusalem, coming down out of heaven from God, prepared as a bride beautifully dressed for her husband.

이때에 한글로는 하늘이라 번역된 heaven 이 원어로는 ouranow ((3772)) 동일하게 쓰여지고 있다.
ouranou ((3772)) : 천국 의미, 하늘, 공중

그러므로 주님이 하신 말씀 요한복음 3장 13절에서 말하는 하늘, 그리고 바울이 고린도후서 12장 2절에서 말하는 셋째 하늘, 그리고 또한 요한이 계시록 21장 2절에서 쓴 하늘 이 모두를 보면 이

모두가 다 원어에 '하늘'에 대하여 ouranou ((3772))을 다 공통적으로 쓰고 있다. 그러므로 원어에서도 구분이 안 간다.

고린도후서 12장 4절에 나오는 낙원은 파라다이스로서 원어의 뜻을 보면 낙원, 천국, 정원 이러한 의미를 가진다.

(4) 회개하라 천국이 가까웠느니라 하였을 때의 천국

[마 4:17]
이때부터 예수께서 비로소 전파하여 가라사대 회개하라 천국이 가까웠느니라 하시더라
From that time on Jesus began to preach, "Repent, for the kingdom of heaven is near."

즉 여기서 kingdom of heaven 이 원어로는 다음과 같이 표현되고 있다.
: basileia ((932)) twn ((3588)) ouranwn ((3772))

ouranwn ((3772))
여기서도 동일하게 천국으로 쓰고 있다.

그러므로 원어로 보아 하늘 = 천국 = 낙원 = 셋째하늘 이다.
할렐루야.

(ii) 두 번째로 왜 하늘 = 천국(heaven) = 낙원인 이유 :

계시록 2장 7절에서 에베소교회에 주님이 보내는 편지에서 이기는 자에게는 낙원에 있는 생명나무의 과일을 먹게 하여 주시겠다고 하는 하나님의 약속에서 볼 수 있다.
이 약속은 주님께서 이기는 자의 삶을 사는 자들에게 주시는 영원한 약속의 말씀이다.

[계 2:7]
귀 있는 자는 성령이 교회들에게 하시는 말씀을 들을지어다 이기는 그에게는 내가 하나님의 낙원에 있는 생명나무의 과실을 주어 먹게 하리라
He who has an ear, let him hear what the Spirit says to the churches. To him who overcomes, I will give the right to eat from the tree of life, which is in the paradise of God.

계시록 21장 1-4절을 보면 하늘에서 하나님께로부터 새 예루살렘성이 내려오는데 여기서 '하늘에서'하는 말에 하늘을 영어로 보면 heaven 이라는 말을 쓰고 있다.
즉 새 하늘과 새 땅에 새 예루살렘성이 내려오는데 이 성이 하늘 (heaven)에서 하나님께로부터 내려온다 하였다.

[계 21:1-2]
(1)또 내가 새 하늘과 새 땅을 보니 처음 하늘과 처음 땅이 없어졌고 바다도 다시 있지 않더라 (2)또 내가 보매 거룩한 성 새 예루살렘이 하나

님께로부터 하늘에서 내려오니 그 예비한 것이 신부가 남편을 위하여 단장한 것 같더라

And I John saw the holy city, new Jerusalem, coming down from God out of heaven, prepared as a bride adorned for her husband. [KJV]

즉 새 예루살렘성이 하늘에서 하나님께로부터 내려온다 하였는데

즉 생명나무가 낙원에 있었다. 분명히.....
그리고 주님은 분명히 이기는 자들에게 이 하나님의 낙원에 있는 생명나무의 과실을 영원히 먹게 하여 주시겠다는 것이 약속인 것이다.

[계 22:1-2]
(1) 또 저가 수정 같이 맑은 생명수의 강을 내게 보이니 하나님과 및 어린 양의 보좌로부터 나서 (2) 길 가운데로 흐르더라 강 좌우에 생명 나무가 있어 열 두가지 실과를 맺히되 달마다 그 실과를 맺히고 그 나무 잎사귀들은 만국을 소성하기 위하여 있더라

이것은 새 하늘과 새 땅의 새 예루살렘성 안을 말하고 있는데 여기에 생명나무 과일이 있는 것이다. 할렐루야.
즉 이 새 하늘과 새 땅의 새 예루살렘성은 분명히 하나님께로부터 하늘(heaven)에서 내려왔다.
그런데 그 안에 생명나무가 있는 것이다. 그렇다면 이 새 예루살

렘성은 낙원(paradise) 에 있다가 내려오는 것이 맞다.
그런데 이 성은 분명히 하늘에서 하나님께로부터 내려온다 하였다.

그러므로 낙원 (paradise) = 하늘 (heaven) 이다.

(iii) 세 번째로 왜 낙원 = 천국인가 하는 이유 :

주님께 직접 물어보았을 때에 주님은 환한 웃음으로 답변을 주셨다.
나는 천상에서 주님과 모세와 요한 그리고 내가 앉아 있는 자리에서 주님께 물었다.
'주님, 낙원이 즉 성경에서 하늘이라고 표현하는 천국 heaven 과 같은 곳인가요?'
왜냐하면 새 예루살렘성이 하늘(heaven)에서 하나님께로부터 내려온다 하였는데 새 예루살렘성 안에 생명나무가 있고 또한 낙원에도 생명나무가 있다고 되어 있고 또한 사도바울은 낙원과 셋째 하늘을 같이 쓰고 있는 것으로 보였기 때문이다.

그랬더니 주님도 모세도 요한도 똑같이 이빨을 드러내시면서 까지 활짝 웃으시는 것이었다.
이것은 내가 잘 맞추고 있다는 것을 의미한다.
아니면 주님이 아니라고 말씀하셨을 것이다. 할렐루야.
그러므로 나는 위의 세 가지 이유로,

즉 낙원이 셋째하늘 즉 하늘, 영어로는 heaven이라고 하는 천국이라는 것을 확신한다. 그리고 여기가 하나님이 계시는 천국이라는 것이다. 그러므로 나는 지금 이 천국 즉 낙원을 보고 있는 것이다.

II. 새 예루살렘성은 새 하늘과 새 땅에 낙원(=천국=하늘= 셋째 하늘)에서부터 내려오는 것이다.

계시록 21장 1-2절에서 말하는 하늘은 낙원이다. 여기가 소위 우리가 말하는 천국으로 하나님이 계시는 곳이다. 여기서 새 예루살렘성이 새 하늘과 새 땅에 내려오는 것이다.

[계 21:1-2]
(1)또 내가 새 하늘과 새 땅을 보니 처음 하늘과 처음 땅이 없어졌고 바다도 다시 있지 않더라 (2)또 내가 보매 거룩한 성 새 예루살렘이 하나님께로부터 하늘에서 내려오니 그 예비한 것이 신부가 남편을 위하여 단장한 것 같더라

III. 그리고 하나님도 이제 낙원(=천국)에 계시다가 이제 새 하늘과 새 땅에 내려오셔서 영원히 그 종들과 함께 그 장막을 함께 하신다 하셨다.

[계 21:3-4]

(3)내가 들으니 보좌에서 큰 음성이 나서 가로되 보라 하나님의 장막이 사람들과 함께 있으매 하나님이 저희와 함께 거하시리니 저희는 하나님의 백성이 되고 하나님은 친히 저희와 함께 계셔서 (4)모든 눈물을 그 눈에서 씻기시매 다시 사망이 없고 애통하는 것이나 곡하는 것이나 아픈 것이 다시 있지 아니하리니 처음 것들이 다 지나갔음이러라

IV. 그러므로 현재 내가 보고 있는 천국과 지옥이 소위
    낙원과 음부인가? 그렇다.

왜냐하면 천국이 낙원이고 낙원이 천국이기 때문이다.

V. 낙원에서 새 예루살렘성이 새 하늘과 새 땅에 내려올 때 현재
   내가 천국에서 본 믿음의 선진들의 집도 같이 내려오는가?

그렇다고 본다. 왜냐하면 그들의 집이 성안에 있기 때문이다.
그럼 내가 본 천국에 있는 나의 집은? 내 집도 그대로 내려온다고
보여진다. 할렐루야.

VI. 이 영원천국은 얼마나 클 것인가?

지금 보이는 하늘과 땅이 없어진다. 모든 은하계가 있는 우주가

없어진다. 그리고 새 하늘과 새 땅이 열린다. 지구는 우주에 비하면 점이다. 그런데 이 우주가 없어지고 새 하늘과 새 땅이 열린다. 얼마나 클 것인지 가히 상상이 안 간다.

믿음의 선진들의 집이 도시 같다. 마을 같다. 내 집도 정원도 유리바다도 내게 속한 땅도 엄청 크다.

그러므로 새 하늘과 새 땅은 엄청 클 것이다. 새 예루살렘성은 너무 클 것이다.

그 속에 다 있다. 그 모든 것이 내려오는 것이다. 하물며 하나님까지 내려오신다.

내려오셔서 그 종들과 영원히 그 장막을 함께 하시는 것이다.

할렐루야.

VII. 마지막으로 '하늘에서 내려온 자 외에는 하늘로 올라간 자가 없느니라.'의 뜻을 살펴보기를 원한다.

그러면 이제 다시 한번 생각하여 보아야 할 성경구절은 주님이 하신 말씀이다.

요한복음 3장 13절에서 주님이 하신 말씀을 보면

'하늘에서 내려온 자 외에는 하늘로 올라간 자가 없느니라.'

[요 3:13]

하늘에서 내려온 자 곧 인자 외에는 하늘에 올라간 자가 없느니라.

여기서도 하늘은 영어로는 천국인 heaven으로 기록되어 있고 또한 원어로는 ouranou ((3772)) 이다.

우리가 알다시피 낙원(= 하늘 = 천국 = 셋째 하늘)에는 이미 우리의 믿음의 선진들 아브라함을 비롯하여 많은 이가 있다.

그런데 주님은 자신만이 하늘(천국=heaven=낙원)에서 내려왔는데 주님 자신만 하늘로 올라간다는 말씀을 하고 있다.

어떻게 이것이 가능한 이야기인가 하는 것이다.

이것의 비밀은 요한복음 1장 18절에서 나타나고 있다.

[요 1:18]
본래 하나님을 본 사람이 없으되 아버지 품속에 있는 독생하신 하나님이 나타내셨느니라.

즉 예수님은 아버지 하나님의 품속에 계시다가 나타나신 분이시다.
그러므로 그분은 아버지 품속에서 오셨다가 아버지 품속으로 돌아가신다고 봄이 옳다.
그러므로 요한복음 3장 13절에서의 하늘은 아버지의 품속으로 봄이 옳은 것이다.
그분은 삼위일체의 한분 하나님이시다.

할렐루야.
아버지 하나님이 계신 곳이 하늘(heaven)이고 천국이다.
즉 주님이 아버지의 품속에서 계시다가 오셨고 그 품속으로 돌아가시는 것이다.

그래서 주님은 부활하신 후에 무덤을 찾아온 막달라 마리아에게 '나를 만지지 말라 내가 아직 아버지께로 가지 못하였노라.'하신 말씀과 일치하고 있는 것이다.
할렐루야.

[요 20:16-17]
(16)예수께서 마리아야 하시거늘 마리아가 돌이켜 히브리 말로 랍오니여 하니 (이는 선생님이라) (17)예수께서 이르시되 나를 만지지 말라 내가 아직 아버지께로 올라 가지 못하였노라 너는 내 형제들에게 가서 이르되 내가 내 아버지 곧 너희 아버지, 내 하나님 곧 너희 하나님께로 올라간다 하라 하신대

즉 여기서 확실한 것은 죽음에서 부활하신 주님이 아버지께로 돌아가신다는 것이 확실하다.
이것은 나중에 주님이 40일간 부활된 몸으로 이 지상에서 사시다가 제자들이 보는 가운데 하늘로 승천하심으로 이루어졌다.
그러면 또 의심이 가는 하나의 성경구절이 있는데
왜 그러면 주님은 안 보고 믿지 못하는 도마에게 만져보라 하셨는가? 막달라 마리아에게는 만지지 말라 하시고서는 말이다.

[요 20:25-29]

(25)다른 제자들이 그에게 이르되 우리가 주를 보았노라 하니 도마가 가로되 내가 그 손의 못자국을 보며 내 손가락을 그 못자국에 넣으며 내 손을 그 옆구리에 넣어 보지 않고는 믿지 아니하겠노라 하니라 (26) 여드레를 지나서 제자들이 다시 집안에 있을 때에 도마도 함께 있고 문들이 닫혔는데 예수께서 오사 가운데 서서 가라사대 너희에게 평강이 있을지어다 하시고 (27)도마에게 이르시되 네 손가락을 이리 내밀어 내 손을 보고 네 손을 내밀어 내 옆구리에 넣어 보라 그리하고 믿음 없는 자가 되지 말고 믿는 자가 되라 (28)도마가 대답하여 가로되 나의 주시며 나의 하나님이시니이다 (29)예수께서 가라사대 너는 나를 본 고로 믿느냐 보지 못하고 믿는 자들은 복되도다 하시니라

주님은 분명히 도마에게
내 손에다가 네 손가락을 넣어보고 내 허리 창자국에 네 주먹을 넣어보라고 하셨다.
막달라 마리아에게는 만지지 말라고 하셔놓고 왜 도마에게는 넣어보라 하셨는가? 하는 것이다.
예수님은 전능하신 하나님이시다. 전지하신 하나님이시다.
그러므로 그가 도마에게 그렇게 얘기하여도 안 만져볼 것을 미리 아신 것이다.
그래서 도마는 주님의 모습을 보기만 하여도 그의 목소리를 듣기만 하여도 그 의심하던 도마가 손가락과 주먹을 넣어 봄이 없이 그 자리에서 무릎을 꿇고 주여 당신은 나의 하나님이시며 나의 주님이시라고 고백하였던 것이다. 할렐루야.

그 때에 주님은 도마에게 이렇게 말씀하신다.

"너는 본고로 믿느냐 안 보고 믿는 자가 더 복되도다."

즉 예수님은 그가 만지지 않고도 보기만 해도 믿을 줄을 미리 아셨던 것이다.

그분은 장래의 일까지 모르는 것이 없으신 전지전능하신 하나님이시기 때문이다.

할렐루야.

주님의 승천은 주님이 부활하시고 나서 아버지께로 돌아가시는 사건이었다.

그래서 주님은 하늘(아버지)에서 내려온 자 외에는 하늘(아버지)로 올라간 자가 없느니라고 하신 것이다. 할렐루야.

그러므로 이 성부 하나님이 계신 곳도 바로 이곳 낙원(= 천국 = 하늘 = 셋째 하늘)이라 할 수 있다.

VIII. 그러므로 하늘(낙원=천국=셋째하늘)과 영원천국은 다른 곳이다.

첫 번째 이유 : 하나님과 새 예루살렘성이 낙원에서 내려오신다.

그러므로 계시록 21장에서 말하는 하나님께로부터 하늘에서 새 예루살렘이 내려온다 하였는데 여기서 하늘이 영어로는 heaven 그리고 원어로는 천국이라는 ouranou (3772) 원어를 쓰고 있다.

그러므로 하늘= 낙원 = 천국 = 하나님이 계신 곳 = 셋째 하늘이 하늘은 영원천국과는 다른 곳이다.

왜냐하면 분명히 새 하늘과 새 땅이 열린 후에 하늘(= 낙원 = 소위 천국 = 셋째 하늘 = 하나님이 계신 곳)에서 새 예루살렘성이 내려온다고 했기 때문이다.

하나님은 낙원에 계시다가 영원천국에 내려오셔서 거기서 영원히 하나님과 하나님의 백성들이 사시는 것으로 보인다. 왜냐하면 새 예루살렘성 안에 하나님과 어린양이 직접 성전이 되시고 빛을 영원히 비추시기 때문이다.

또 그들의 장막이 되셔서 영원히 그들과 함께 하신다고 하고 있기 때문이다.

[계 21:3-4]

(3)내가 들으니 보좌에서 큰 음성이 나서 가로되 보라 하나님의 장막이 사람들과 함께 있으매 하나님이 저희와 함께 거하시리니 저희는 하나님의 백성이 되고 하나님은 친히 저희와 함께 계셔서 (4)모든 눈물을 그 눈에서 씻기시매 다시 사망이 없고 애통하는 것이나 곡하는 것이나 아픈 것이 다시 있지 아니하리니 처음 것들이 다 지나갔음이러라

두 번째 이유 : 낙원(지금 소위 우리가 천국이라고 하는 곳)에는 현재 영체들만 있고 그러나 나중에는 부활체도 공존하는 시기가 있다. 즉 공중휴거 된 자들, 두 증인, 십사만사천, 알곡으로 추수된 자들 등등.

그러나 영원천국에서는 부활체만 들어가는 곳이다.

IX. 에스겔서에서 나오는 성전은 영원천국의 성전과는
   상관이 없는 것이다.

주님께서는 에스겔서에서 나오는 성전은 새 하늘과 새 땅의 새 예루살렘성과 관계가 없다 하셨다. 그리고 또한 새 예루살렘성에는 따로 성전이 없고 하나님과 어린양만이 친히 성전이 되신다고 하신 것이다.
그러므로 에스겔서에서 나오는 성전은 영원천국하고는 상관이 없는 것이다.

15. 이기는 자와 이기지 못하는 자가 가는 곳 (새 예루살렘 성안과 성밖)

I. 먼저 예수님이 하신 말씀을 보자.

마태복음 24장에는 지혜로운 청지기에 대하여 주님이 이렇게 말씀하고 계신다.

[마 24:45-51]

(45)충성되고 지혜 있는 종이 되어 주인에게 그 집 사람들을 맡아 때를 따라 양식을 나눠 줄 자가 누구뇨 (46)주인이 올 때에 그 종의 이렇게 하는 것을 보면 그 종이 복이 있으리로다 (47)내가 진실로 너희에게 이르노니 주인이 그 모든 소유를 저에게 맡기리라 (48)만일 그 악한 종이 마음에 생각하기를 주인이 더디 오리라 하여 (49)동무들을 때리며 술친구들로 더불어 먹고 마시게 되면 (50)생각지 않은 날 알지 못하는 시간에 그 종의 주인이 이르러 (51)엄히 때리고 외식 하는 자의 받는 율에 처하리니 거기서 슬피 울며 이를 갊이 있으리라

여기서 슬피 울며 이를 가는 장소가 어딜까 하는 것이다.

[마 25:24-30]

(24)한 달란트 받았던 자도 와서 가로되 주여 당신은 굳은 사람이라 심지 않은데서 거두고 헤치지 않은데서 모으는 줄을 내가 알았으므로

(25)두려워하여 나가서 당신의 달란트를 땅에 감추어 두었었나이다 보소서 당신의 것을 받으셨나이다 (26)그 주인이 대답하여 가로되 악하고 게으른 종아 나는 심지 않은 데서 거두고 헤치지 않은데서 모으는 줄로 네가 알았느냐 (27)그러면 네가 마땅히 내 돈을 취리하는 자들에게나 두었다가 나로 돌아 와서 내 본전과 변리를 받게 할 것이니라 하고 (28)그에게서 그 한 달란트를 빼앗아 열 달란트 가진 자에게 주어라 (29)무릇 있는 자는 받아 풍족하게 되고 없는 자는 그 있는 것까지 빼앗기리라 (30)이 무익한 종을 바깥 어두운 데로 내어쫓으라 거기서 슬피 울며 이를 갊이 있으리라 하니라

여기서도 30절에 '바깥 어두운데'라는 말이 나오고 '거기서 슬피 울며 이를 갊이 있으리라.'고 말한다. 여기가 어디일까 하는 것이다.

두 군데 다 성경은 주인과 종의 관계를 말하고 있다.
이 세상에는 두 가지 종류의 종들이 있다.
하나는 하나님의 종들과 다른 하나는 마귀의 종들 딱 두 가지뿐인 것이다. 그러므로 여기서 주인과 종의 관계는 예수님과 그리고 그를 믿는 자들의 관계를 말한다고 할 수 있다.

[마 25:13-30]
(13)그런즉 깨어 있으라 너희는 그 날과 그 시를 알지 못하느니라 (14)또 어떤 사람이 타국에 갈제 그 종들을 불러 자기 소유를 맡김과 같으니 (15)각각 그 재능대로 하나에게는 금 다섯 달란트를, 하나에게는 두 달란트를, 하나에게는 한 달란트를 주고 떠났더니 (16)다섯 달란트 받은

자는 바로 가서 그것으로 장사하여 또 다섯 달란트를 남기고 (17)두 달란트 받은 자도 그같이 하여 또 두 달란트를 남겼으되 (18)한 달란트 받은 자는 가서 땅을 파고 그 주인의 돈을 감추어 두었더니 (19)오랜 후에 그 종들의 주인이 돌아와 저희와 회계할새 (20)다섯 달란트 받았던 자는 다섯 달란트를 더 가지고 와서 가로되 주여 내게 다섯 달란트를 주셨는데 보소서 내가 또 다섯 달란트를 남겼나이다 (21)그 주인이 이르되 잘 하였도다 착하고 충성된 종아 네가 작은 일에 충성하였으매 내가 많은 것으로 네게 맡기리니 네 주인의 즐거움에 참예할지어다 하고 (22)두 달란트 받았던 자도 와서 가로되 주여 내게 두 달란트를 주셨는데 보소서 내가 또 두 달란트를 남겼나이다 (23)그 주인이 이르되 잘 하였도다 착하고 충성된 종아 네가 작은 일에 충성하였으매 내가 많은 것으로 네게 맡기리니 네 주인의 즐거움에 참예할지어다 하고 (24)한 달란트 받았던 자도 와서 가로되 주여 당신은 굳은 사람이라 심지 않은데서 거두고 헤치지 않은데서 모으는 줄을 내가 알았으므로 (25)두려워하여 나가서 당신의 달란트를 땅에 감추어 두었었나이다 보소서 당신의 것을 받으셨나이다 (26)그 주인이 대답하여 가로되 악하고 게으른 종아 나는 심지 않은 데서 거두고 헤치지 않은데서 모으는 줄로 네가 알았느냐 (27)그러면 네가 마땅히 내 돈을 취리하는 자들에게나 두었다가 나로 돌아 와서 내 본전과 변리를 받게 할 것이니라 하고 (28)그에게서 그 한 달란트를 빼앗아 열 달란트 가진 자에게 주어라 (29)무릇 있는 자는 받아 풍족하게 되고 없는 자는 그 있는 것까지 빼앗기리라 (30)이 무익한 종을 바깥 어두운 데로 내어쫓으라 거기서 슬피 울며 이를 갊이 있으리라 하니라 또한 주님이 말씀하신 마태복음 25장의 열처녀 비유를 유심히 볼 필요가 있다.

[마 25:1-13]
(1) 그 때에 천국은 마치 등을 들고 신랑을 맞으러 나간 열 처녀와 같다 하리니

이 1절에서 말하는 천국은 영어로는 'the kingdom of heaven'으로 되어 있고 여기서 kingdom 은 그 원어가 '바실레이아'로서 '왕국'이라는 뜻이고 여기서 heaven 은 그 원어가 '우라노스'로서 하나님의 처소라는 말인 것이다. 즉 총체적인 뜻은 하나님이 다스리는 왕국이라는 뜻이다.

(2) 그 중에 다섯은 미련하고 다섯은 슬기 있는지라 (3) 미련한 자들은 등을 가지되 기름을 가지지 아니하고 (4) 슬기 있는 자들은 그릇에 기름을 담아 등과 함께 가져갔더니 (5) 신랑이 더디 오므로 다 졸며 잘새 (6) 밤중에 소리가 나되 보라 신랑이로다 맞으러 나오라 하매 (7) 이에 그 처녀들이 다 일어나 등을 준비할새 (8) 미련한 자들이 슬기 있는 자들에게 이르되 우리 등불이 꺼져가니 너희 기름을 좀 나눠 달라하거늘 (9) 슬기 있는 자들이 대답하여 가로되 우리와 너희의 쓰기에 다 부족할까 하노니 차라리 파는 자들에게 가서 너희 쓸 것을 사라 하니 (10) 저희가 사러 간 동안에 신랑이 오므로 예비하였던 자들은 함께 혼인 잔치에 들어가고 문은 닫힌지라

여기서 10절의 '문'을 원어로 찾아보았더니 발음이 '뒤라'라는 단어인데 이것은 '정문', '입구'라는 뜻이다. 즉 정문이 닫힌 것이다. 그 문은 바로 혼인잔치로 들어가는 정문인 것이다. 천국 안에서 혼인잔치로 들어가는 정문이 있고 여기를 통하여 슬기로운 다섯 처녀는 그 문안으로 들어갔고 그러나 미련한 다섯 처녀는 그 정문이 닫히고 그 정문밖에 남은 것이다.

주님은 마태복음 25장 1절에서 '천국은 이와 같으니라'고 표현하고 계시니까 이 모든 일들이 천국 안에서 일어나는 일이다.

그러므로 천국에는 문안으로 들어가는 자가 있고 문밖에 남는 자가 있다는 것이다. 할렐루야.

(11) 그 후에 남은 처녀들이 와서 가로되 주여 주여 우리에게 열어 주소서 (12) 대답하여 가로되 진실로 너희에게 이르노니 내가 너희를 알지 못하노라 하였느니라 (13)그런즉 깨어 있으라 너희는 그 날과 그 시를 알지 못하느니라

그런데 주님이 오실 때에 이 게으른 종들이 가는 즉 하나님의 뜻대로 살지 못한 종들이 가는 이 바깥 어두운데 슬피 울며 이를 가는 장소는 어디일까?

그리고 이 미련한 다섯 처녀가 남겨진 장소 문밖은 어디인가 하는 것이다.

이곳은 지옥은 아님이 분명하다.

왜냐하면 주님께서 지옥을 묘사하는 것은 이와 너무 다르기 때문이다.

[막 9:47-49]
(47) 만일 네 눈이 너를 범죄케 하거든 빼어 버리라 한 눈으로 하나님의 나라에 들어가는 것이 두 눈을 가지고 지옥에 던지우는 것보다 나으니라 (48) 거기는 구더기도 죽지 않고 불도 꺼지지 아니하느니라 (49) 사람마다 불로서 소금 치듯 함을 받으리라

여기서 지옥(hell)은 원어로 '게엔나'인데 그 뜻은 '지옥' '영원한 형벌의 장소'라는 뜻이다.

즉 동일하신 주님이 한번은 지옥에 대하여 말씀하고 있고 또 다른 곳에서는 그냥 바깥 어두운데 슬피 울며 이를 가는 장소 즉 문밖을 말씀하고 있다는 것이다.

그러면 문 안은 어떠한 곳인가?

1) 주님과 혼인잔치가 일어나는 곳이다. (열처녀 비유)
2) 하나님의 영광이 해같이 빛나는 곳이다.

[계 21:21-23]
(21) 그 열 두 문은 열 두 진주니 문마다 한 진주요 성 (city) 의 길은 맑은 유리 같은 정금이더라 (22) 성안에 성전 (temple) 을 내가 보지 못하

였으니 이는 주 하나님 곧 전능하신 이와 및 어린 양이 그 성전이심이라 (23) 그 성은 해나 달의 비침이 쓸데 없으니 이는 하나님의 영광이 비취고 어린 양이 그 등이 되심이라

그러므로 이 문 밖, 즉 바깥 어두운 데가 지옥이냐. 아니라는 것이다. 왜냐하면 여기서 문은 성에 들어가는 열두 진주문을 말한다. 그러므로 문 밖은 새 하늘과 새 땅이다.

성경은 우리에게 동일한 것을 반복하여 말씀하고 있는 것을 본다. 즉 예수님은 그의 종들이 자신이 다시 돌아올 때까지 맡겨놓은 일을 잘 못하였을 때 바깥 어두운데 즉 문 밖에 둔다 하셨다. 그런데 동일하게 사도 바울도 사도 요한도 이러한 장소를 말하고 있다는 것이다.

II. 사도 바울은 여기에 대하여 어떻게 말하고 있나 보자

사도 바울은 갈라디아서 5장에서 예수를 믿는 자라도 이런이런 일을 행하는 자들은 하나님의 나라를 유업으로 받지 못할 것이라고 말한다.

[갈 5:19–21]
(19)육체의 일은 현저하니 곧 음행과 더러운 것과 호색과 (20)우상 숭배와 술수와 원수를 맺는 것과 분쟁과 시기와 분냄과 당 짓는 것과 분리

함과 이단과 (21)투기와 술 취함과 방탕함과 또 그와 같은 것들이라 전에 너희에게 경계한 것같이 경계하노니 이런 일을 하는 자들은 하나님의 나라를 유업으로 받지 못할 것이요

이것은 또한 주님이 마태복음에서 한 말씀과 일치를 하고 있다.

[마 7:21]
나더러 주여 주여 하는 자마다 천국에 다 들어갈 것이 아니요 다만 하늘에 계신 내 아버지의 뜻대로 행하는 자라야 들어가리라

즉 하나님의 뜻대로 살지 못한 그리스도인들이 하나님의 영광이 해같이 빛나는 성 안으로 들어가지 못함을 말하고 즉 미련한 다섯 처녀가 남게 된 그 문 밖에 남게 됨을 말하고 있다.

이미 돌아가신 큰 대형 교회 목사님들이 이 성밖에 있었다.
한 분은 얼마 전에 돌아가신 분으로 주님이 그분이 여기 계신 이유는 하나님의 영광을 가로챘기 때문이라 하셨다.
그분은 바깥 어두운데 쇠창살 안에 흰 옷을 입고 앉아 계셨다.
그리고 그는 이렇게 소리치고 있었다.
"내가 왜 여기 있어야 해?"
"너희는 여기 오지마, 주의 종이라 하면서 하나님의 영광을 훔치면 나와 같이 이렇게 돼 제발 여기 오지마."
이곳이 지옥과 다른 점은
첫째, 여기에 있는 자들은 흰 옷을 입고 있다.

그러나 지옥에 있는 자들은 벌거벗고 있다.

둘째, 이 문 밖 즉 성밖에 있는 자들은 다 나이가 젊다. 천국에 온 자들처럼. 그러나 지옥에는 그들이 죽을 때의 나이로 보인다.

셋째, 여기는 천사들이 다스리고 있었지만 지옥은 마귀의 부하들이 다스린다.

넷째, 지옥은 천국레벨에서 한참을 어두운 곳 터널을 통하여 내려가나 여기는 단지 계단 약150개정도 내려가면 있다.

다섯째, 성밖에서 받는 벌은 아주 미약한 벌이나 지옥에서 받는 벌은 극한 형벌을 받고 있는 것이다.

여기는 새 하늘과 새 땅이지만 이기지 못하는 자들이 가는 곳은 지옥이 아닌, 영원한 불못이 아닌 새 예루살렘 성 밖으로 보인다.

이기는 자들은 성안에 하나님의 영광이 해같이 빛나는 성안, 그러나 이기지 못하는 자들은 바깥 어두운데 쫓겨나서 슬피 울며 이를 갈게 되는 것이다. 그런데 여기도 새 하늘과 새 땅인 것이다.

할렐루야.

성밖이 하나님의 나라 성안과 다른 점은 하나님의 영광이 빛나지 아니한다.

그리고 생명수와 생명나무가 없다.

그곳에서는 공통적으로 슬피 울며 다 이를 간다. 그리고 지은 죄에 따라서 그룹들이 다른 벌들을 받고 있다.

다음은 내가 그곳에서 본 다른 벌들을 받고 있는 각기 다른 그룹들이다.

1) 뒤로 손이 묶인 채로 앉아 있다가 하나씩 불려나가 매를 맞는 그룹
2) 쇠창살 안에 들어가 있는 그룹
3) 손이 뒤로 묶여 있으면서 뱀이 상체를 감고 있는 그룹
4) 돌이 배 위에 얹어져 있으면서 누워있는 그룹
5) 큰 나무기둥을 나르고 있는 그룹
6) 뒤로 손이 묶인 채로 앉아서 입으로 계속 무엇인가를 옮기고 있는 그룹
7) 좁고 좁은 데를 통과하면서 아픔을 느껴야 하는 그룹

그러나 지옥의 형벌들은 벌거벗은 채로 불에 타고 신체가 절단나고 창에 찔리고 사지가 끊겨나가고 벌레가 죽지 않고 그들을 괴롭히며 뱀들이 그들을 집어삼키고 씹어 먹기도 하고 진흙연못, 벌레연못에 잠기기도 하고...... 죽지 않고 죽고 싶어도 안 죽어지는 몸이 끊겨 나가도 그 잘려진 몸이 다 고통을 느끼는 곳이다.

예수를 믿었으나 이들은 다시 이기는 자와 이기지 못하는 자로 나뉘어지고 오직 이기는 자들만 천년왕국의 첫째부활에 참여되는 것이다.

III. 성경에서 왜 이들이 성안으로 못 들어가고 성밖에 있는지를 또한 사도 요한이 계시록에서 말한 곳에서 알 수 있다.

(i) 계시록에서 주님이 일곱 교회에 보내는 편지에서 이기는 자와 이기지 못하는 자를 구분하고 있다.

예를 들어서 계시록 2장 7절을 보면

[계 2:7]
귀 있는 자는 성령이 교회들에게 하시는 말씀을 들을지어다 이기는 그에게는 내가 하나님의 낙원에 있는 생명나무의 과실을 주어 먹게 하리라

여기서 이기는 자는 첫사랑을 회복하는 자이다. 이런 자들만 낙원에 있는 생명나무의 과실을 주어 먹게 하시겠다는 약속이다.
이 낙원에 있는 생명나무는 새 하늘과 새 땅에 새 예루살렘성이 하늘에서 내려올 때에 같이 내려온다. 그러하므로 이것을 먹는 자는 성안에 들어가고 못 먹는자 즉 이기지 못하는 자는 성밖에 남게 될 것이다.
또한 계시록 21장에서는 이기는 자는 생명수 샘물을 값없이 마시게 된다고 말씀하신다.
그러나 이기지 못하는 자는 이 생명수 샘물을 먹지 못하게 될 것이다. 왜냐하면 성안에만 이 생명수 샘물이 있기 때문이다.

[계 21:6-7]

(6)또 내게 말씀하시되 이루었도다 나는 알파와 오메가요 처음과 나중이라 내가 생명수 샘물로 목 마른 자에게 값없이 주리니 (7)이기는 자는 이것들을 유업으로 얻으리라 나는 저의 하나님이 되고 그는 내 아들이 되리라

(ii) 계시록에서 두 번째로 새 하늘과 새 땅에서 성안과 성밖을 구분하고 있는 곳을 다음에서 볼 수 있다.

[계 22:14-15]

(14)그 두루마기를 빠는 자들은 복이 있으니 이는 저희가 생명 나무에 나아가며 문들을 통하여 성에 들어갈 권세를 얻으려 함이로다

여기서 문들을 원어로 보면 '입구'라는 뜻으로 도시에 진입로를 말한다.

그리고 여기 성을 보면 원어로 '폴리스'라는 말이며 뜻은 'city'즉 '성'을 말한다.

즉 도시로 즉 성으로 들어가는 문이 있는 것이다. 이것은 계시록 22장에서 말하는 성은 새 하늘과 새 땅에 하늘에서 내려온 새 예루살렘성이다.

(15)개들과 술객들과 행음자들과 살인자들과 우상 숭배자들과 및 거짓말을 좋아하며 지어내는 자마다 성 밖에 있으리라

여기서 '성밖'을 찾아보니 영어로는 'outside'라는 말이고 원어로는 발음이 '엑소'이며 그 뜻은 '밖에', '문밖'에 라는 것이다.

즉 여기서 '성밖'이란 열 처녀 중 미련한 다섯 처녀가 남은 '문밖'과 동일한 장소인 것을 알 수 있다.

그러면 이 성밖은 어디 있는 성밖인가 하면

[계 21:1-3]
(1)또 내가 새 하늘과 새 땅을 보니 처음 하늘과 처음 땅이 없어졌고 바다도 다시 있지 않더라 (2)또 내가 보매 거룩한 성 새 예루살렘이 하나님께로부터 하늘에서 내려오니 그 예비한 것이 신부가 남편을 위하여 단장한 것 같더라 (3)내가 들으니 보좌에서 큰 음성이 나서 가로되 보라 하나님의 장막이 사람들과 함께 있으매 하나님이 저희와 함께 거하시리니 저희는 하나님의 백성이 되고 하나님은 친히 저희와 함께 계셔서

계시록 21장 2절에 나오는 새 하늘과 새 땅에 내려온 새 예루살렘성의 바깥 즉 성밖이라는 사실을 알 수가 있는 것이다.
성경은 개들에 대하여 다음과 같이 말한다.

[사 56:9-12]
(9)들의 짐승들아 삼림 중의 짐승들아 다 와서 삼키라 (10)그 파숫군들은 소경이요 다 무지하며 벙어리 개라 능히 짖지 못하며 다 꿈꾸는 자요 누운 자요 잠자기를 좋아하는 자니 (11)이 개들은 탐욕이 심하여 족한 줄을 알지 못하는 자요 그들은 몰각한 목자들이라 다 자기 길로 돌

이키며 어디 있는 자이든지 자기 이만 도모하며 (12)피차 이르기를 오라 내가 포도주를 가져오리라 우리가 독주를 잔뜩 먹자 내일도 오늘 같이 또 크게 넘치리라 하느니라

즉 몰각한 목자들을 개들이라 표현하고 있다.
그러므로 하나님께 충실하지 못한 목자들은 다 이 곳으로 오는 것이다.

IV. 생명책에서 이름이 지워지는 경우

이러한 경우는 지옥에 간다. 생명책에 이름이 한번 적혀지면 그대로 있는 것이 아니라 지워지는 경우가 있다는 것을 성경이 말하고 있다.

[눅 10:20]
그러나 귀신들이 너희에게 항복하는 것으로 기뻐하지 말고 너희 이름이 하늘에 기록된 것으로 기뻐하라 하시니라

[출 32:32-33]
(32)그러나 합의하시면 이제 그들의 죄를 사하시옵소서 그렇지 않사오면 원컨대 주의 기록하신 책에서 내 이름을 지워 버려주옵소서 (33)여호와께서 모세에게 이르시되 누구든지 내게 범죄하면 그는 내가 내 책에서 지워버리리라

[빌 2:12]

그러므로 나의 사랑하는 자들아 너희가 나 있을 때 뿐 아니라 더욱 지금 나 없을 때에도 항상 복종하여 두렵고 떨림으로 너희 구원을 이루라

즉 생명책에 이름이 적혀져있다 할지라도 명백히 지워지는 경우가 있음을 성경은 말하고 있다.

나는 목사님들이 가는 지옥을 보았다. 이 말은 평생 예수를 믿고 목사를 하였어도 지옥에 와 있더라는 것이다(서사라 목사의 천국과 지옥 간증수기 2권, 4. 주의 종들이 가는 지옥을 보다. 참조).

여기에는 네 종류의 죄를 지은 목사님들이 와 있었다.
지옥의 마귀 부하가 나에게 가르쳐준 것이다.

첫째, 교회를 팔아 먹은 자
둘째, 하나님의 돈을 마음대로 자기 것처럼 쓴 자
셋째, 불륜의 여자 관계가 있었던 자
넷째, 주일날 설교를 잘하고 와서 집에 와서는 사모를 구타한 자들이 지옥에 와 있었다.
이들은 분명 예수를 믿고 거듭났음에도 불구하고 이러한 죄를 지음으로 말미암아 지옥에 와 있는 것이다.
그러면 목사들도 지옥에 와 있으면 평신도들은 어떻겠는가 마찬가지이다.

나는 주님께 물었다.

"주님 목사님들이 예수를 믿었어도 여기 오나요?"

주님은 대답 대신 나에게 성경 구절을 생각나게 하여 주셨다.

[마 5:22]

나는 너희에게 이르노니 형제에게 노하는 자마다 심판을 받게 되고 형제를 대하여 라가라 하는 자는 공회에 잡히게 되고 미련한 놈이라 하는 자는 지옥 불에 들어가게 되리라

[마 18:8–9]

(8)만일 네 손이나 네 발이 너를 범죄케 하거든 찍어 내버리라 불구자나 절뚝발이로 영생에 들어가는 것이 두 손과 두 발을 가지고 영원한 불에 던지우는 것보다 나으니라 (9)만일 네 눈이 너를 범죄케 하거든 빼어 내버리라 한 눈으로 영생에 들어가는 것이 두 눈을 가지고 지옥 불에 던지우는 것보다 나으니라

즉 이 사람들은 범죄하고도 회개하여 돌이키지 아니하고 계속 동일한 죄를 짓다가 그 영혼을 완전히 마귀에게 팔아먹은 목사들이라는 것을 알 수 있었다.

히브리서에 보면 한번 비췸을 받고 타락한 자는 다시 예수 그리스도를 십자가에 못박을 수 없다고 했다. 즉 사후의 삶에서 용서함을 받을 수 없는 것이다.

[히 6:4-8]

(4)한번 비췸을 얻고 하늘의 은사를 맛보고 성령에 참예한 바 되고 (5) 하나님의 선한 말씀과 내세의 능력을 맛보고 (6)타락한 자들은 다시 새롭게 하여 회개케 할 수 없나니 이는 자기가 하나님의 아들을 다시 십자가에 못박아 현저히 욕을 보임이라 (7)땅이 그 위에 자주 내리는 비를 흡수하여 밭 가는 자들의 쓰기에 합당한 채소를 내면 하나님께 복을 받고 (8)만일 가시와 엉겅퀴를 내면 버림을 당하고 저주함에 가까와 그 마지막은 불사름이 되리라

그러면 예수를 믿어도 생명책에 이름이 지워져서 지옥에 가는 세 가지 경우를 성경은 정확히 말하고 있다.

(i) 히브리서 6장 4절부터 6절에서 말하는 경우이다.

한번 비췸을 받고 구원을 받았었으나 타락하는 경우인 것이다.

[히 6:4-6]

(4)한번 비췸을 얻고 하늘의 은사를 맛보고 성령에 참예한 바 되고 (5) 하나님의 선한 말씀과 내세의 능력을 맛보고 (6)타락한 자들은 다시 새롭게 하여 회개케 할 수 없나니 이는 자기가 하나님의 아들을 다시 십자가에 못박아 현저히 욕을 보임이라

여기에는 목사나 평신도나 다 해당된다.

(ii) 짐승의 표 666표를 받는 경우이다.

[계 14:9-11]
(9) 또 다른 천사 곧 세째가 그 뒤를 따라 큰 음성으로 가로되 만일 누구든지 짐승과 그의 우상에게 경배하고 이마에나 손에 표를 받으면 (10) 그도 하나님의 진노의 포도주를 마시리니 그 진노의 잔에 섞인 것이 없이 부은 포도주라 거룩한 천사들 앞과 어린 양 앞에서 불과 유황으로 고난을 받으리니 (11) 그 고난의 연기가 세세토록 올라가리로다 짐승과 그의 우상에게 경배하고 그 이름의 표를 받는 자는 누구든지 밤낮 쉼을 얻지 못하리라 하더라

(iii) 성령훼방 죄를 짓는 경우이다.

[막 3:28-30]
(28) 내가 진실로 너희에게 이르노니 사람의 모든 죄와 무릇 훼방하는 훼방은 사하심을 얻되 (29) 누구든지 성령을 훼방하는 자는 사하심을 영원히 얻지 못하고 영원한 죄에 처하느니라 하시니 (30) 이는 저희가 말하기를 더러운 귀신이 들렸다 함이러라

주의 종을 욕하고 비난하거나 교회를 깨고 분당시키는 자들이 성령훼방 죄로 지옥에 가 있다. 여기에는 사모들, 같은 주의 종이면서 주의 종들을 비난한 자들, 평신도들, 교회를 분당시킨 장로들이 와 있다.

(V) 그러면 누가 하나님의 영광이 해같이 빛나는 새 예루살렘성 안으로 들어가는가?

(i) 이기는 자들이다.

[계 2:7]
귀 있는 자는 성령이 교회들에게 하시는 말씀을 들을지어다 이기는 그에게는 내가 하나님의 낙원에 있는 생명나무의 과실을 주어 먹게 하리라

이기는 자들이 누구냐? 주님이 말씀하신다.
다니엘, 사드락, 메삭, 아벳느고
즉 자기 목숨보다 하나님을 사랑하는 자들이다.

[눅 10:27]
대답하여 가로되 네 마음을 다하며 목숨을 다하며 힘을 다하며 뜻을 다하여 주 너의 하나님을 사랑하고 또한 네 이웃을 네 몸과 같이 사랑하라 하였나이다

(ii) 철저히 회개하는 자들이다.

[계 22:14]
그 두루마기를 빠는 자들은 복이 있으니 이는 저희가 생명 나무에 나아가며 문들을 통하여 성에 들어갈 권세를 얻으려 함이로다

(iii) 육체의 일을 도모하지 않고 영의 생각을 좇아서 산 자들이
다. 이러한 자들이 하나님의 나라를 유업으로 받는다.

[롬 8:5–8]
(5) 육신을 좇는 자는 육신의 일을, 영을 좇는 자는 영의 일을 생각하나
니 (6) 육신의 생각은 사망이요 영의 생각은 생명과 평안이니라 (7) 육
신의 생각은 하나님과 원수가 되나니 이는 하나님의 법에 굴복치 아니
할 뿐 아니라 할 수도 없음이라 (8) 육신에 있는 자들은 하나님을 기쁘
시게 할 수 없느니라

[갈 5:19–21]
(19)육체의 일은 현저하니 곧 음행과 더러운 것과 호색과 (20)우상 숭배
와 술수와 원수를 맺는 것과 분쟁과 시기와 분냄과 당 짓는 것과 분리
함과 이단과 (21)투기와 술 취함과 방탕함과 또 그와 같은 것들이라 전
에 너희에게 경계한 것같이 경계하노니 이런 일을 하는 자들은 하나님
의 나라를 유업으로 받지 못할 것이요

(iv) 하나님의 뜻대로 사는 자들이다.

[마 7:21]
나더러 주여 주여 하는 자마다 천국에 다 들어갈 것이 아니요 다만 하
늘에 계신 내 아버지의 뜻대로 행하는 자라야 들어가리라

즉 하나님의 뜻대로 사는 자들은 다 천국 새 예루살렘성 안으로

들어갈 것이다.

(v) 하나님의 말씀을 인내로 지켜내는 자들인 것이다.

[계 3:10]
네가 나의 인내의 말씀을 지켰은즉 내가 또한 너를 지키어 시험의 때를 면하게 하리니 이는 장차 온 세상에 임하여 땅에 거하는 자들을 시험할 때라

그러나 이 모든 것을 사도 바울은 한 마디로 표현하고 있다.
즉 그것이 갈라디아서 2장 20절 말씀이다.

[갈 2:20]
내가 그리스도와 함께 십자가에 못박혔나니 그런즉 이제는 내가 산 것이 아니요 오직 내 안에 그리스도께서 사신 것이라 이제 내가 육체 가운데 사는 것은 나를 사랑하사 나를 위하여 자기 몸을 버리신 하나님의 아들을 믿는 믿음 안에서 사는 것이라

이렇게만 살게 되면 즉 내 안에 예수가 살게 되면 반드시 이기는 자들로서 성 안에 들어가게 될 것이다.
그래서 사도 바울은 복음을 전하여 거듭난 자들에게 이렇게 말하고 있다. 내가 너희를 위하여 해산하는 수고를 다시 한다고 한 것이다.

[갈 4:19]
나의 자녀들아 너희 속에 그리스도의 형상이 이루기까지 다시 너희를 위하여 해산하는 수고를 하노니

그러므로 우리가 비록 예수를 믿어서 영원한 불못은 면하였어도 우리 안에 그리스도의 형상을 이루지 못하면 결코 성안으로 들어가지 못할 것이다. 그러므로 사도 바울은 우리에게 이렇게 말한다.

[빌 2:12]
그러므로 나의 사랑하는 자들아 너희가 나 있을 때 뿐 아니라 더욱 지금 나 없을 때에도 항상 복종하여 두렵고 떨림으로 너희 구원을 이루라 우리는 결코 자신을 위하여 사는 자가 되어서는 아니 될 것이다. 예수 믿고 거듭난 자는 반드시 하나님과 하나님의 나라를 위하여 사는 자들이 되어질 때에 성안으로 들어가게 된다.

[고전 3:11-15]
(11)이 닦아 둔 것 외에 능히 다른 터를 닦아 둘 자가 없으니 이 터는 곧 예수 그리스도라 (12)만일 누구든지 금이나 은이나 보석이나 나무나 풀이나 짚으로 이 터 위에 세우면 (13)각각 공력이 나타날 터인데 그 날이 공력을 밝히리니 이는 불로 나타내고 그 불이 각 사람의 공력이 어떠한 것을 시험할 것임이니라 (14)만일 누구든지 그 위에 세운 공력이 그대로 있으면 상을 받고 (15)누구든지 공력이 불타면 해를 받으리니 그러나 자기는 구원을 얻되 불 가운데서 얻은 것 같으리라

16. 왜 베리칩이 성경에서 말하는 666인가?

성경은 이렇게 말한다.

성경에서 일곱째 나팔이 불리면 적그리스도의 후삼년 반이 시작된다. 이것은 무저갱에서 짐승이 나와서 자기의 기간(3년 반)을 시작한다. 이 짐승은 적그리스도가 아니라 적그리스도에게 들어가는 영인 것이다.
그리고 또한 거짓선지자에게 들어가는 영이 또 땅에서 올라온다.

[계 13:11-18]
(11)내가 보매 또 다른 짐승이 땅에서 올라오니 새끼양 같이 두 뿔이 있고 용처럼 말하더라 (12)저가 먼저 나온 짐승의 모든 권세를 그 앞에서 행하고 땅과 땅에 거하는 자들로 처음 짐승에게 경배하게 하니 곧 죽게 되었던 상처가 나은 자니라 (13)큰 이적을 행하되 심지어 사람들 앞에서 불이 하늘로부터 땅에 내려 오게 하고 (14)짐승 앞에서 받은바 이적을 행함으로 땅에 거하는 자들을 미혹하며 땅에 거하는 자들에게 이르기를 칼에 상하였다가 살아난 짐승을 위하여 우상을 만들라 하더라 (15)저가 권세를 받아 그 짐승의 우상에게 생기를 주어 그 짐승의 우상으로 말하게 하고 또 짐승의 우상에게 경배하지 아니하는 자는 몇이든지 다 죽이게 하더라 (16)저가 모든 자 곧 작은 자나 큰 자나 부자나 빈궁한 자나 자유한 자나 종들로 그 오른손에나 이마에 표를 받게 하고 (17)누구든

지 이 표를 가진 자 외에는 매매를 못하게 하니 이 표는 곧 짐승의 이름이나 그 이름의 수라 (18)지혜가 여기 있으니 총명 있는 자는 그 짐승의 수를 세어 보라 그 수는 사람의 수니 육백 육십 륙이니라

그러나 이러한 표를 받는 자마다 성경은 영원히 불과 유황으로 그 고난의 향기가 영영세세토록 올라갈 것이라 하였다.

[계 14:9-11]
(9)또 다른 천사 곧 세째가 그 뒤를 따라 큰 음성으로 가로되 만일 누구든지 짐승과 그의 우상에게 경배하고 이마에나 손에 표를 받으면 (10)그도 하나님의 진노의 포도주를 마시리니 그 진노의 잔에 섞인 것이 없이 부은 포도주라 거룩한 천사들 앞과 어린 양 앞에서 불과 유황으로 고난을 받으리니 (11)그 고난의 연기가 세세토록 올라가리로다 짐승과 그의 우상에게 경배하고 그 이름의 표를 받는 자는 누구든지 밤낮 쉼을 얻지 못하리라 하더라

즉 이러한 표를 받는 자는 지옥을 가는 것이다.

현재 전 세계적으로 많은 이슈가 되고 있는 베리칩(VeriChip)은 Verification Chip의 약자로 지금 다른 말로 Positive ID 라고도 불리워지며 바이오 칩(Biochip)이라고도 불리워진다. 이 칩은 생체 내에 이마나 손에 들어가는 칩으로 작은 쌀알의 두 배만한 크기이다. 현재는 동물에 주인을 표기하기 위하여 의무적으로 넣고 있지만 이것이 곧 인간에게 실시될 예정이다.

이 베리칩에는 각 개인의 정보, 의료정보, 은행정보, 또한 유전자
등이 들어간다.

또한 이 칩 안의 메모리에는 16자리의 고유번호가 들어가는데
미국 사회보장 카드 (social security number) 의 숫자는 9자리 숫자
로 미국의 3억 인구를 번호를 매겨서 ID 를 만드는데 충분하지만
그러나 16자리의 숫자의 조합은 이 세상 전 인구의 65억 이상의
인구의 ID 를 만드는데 충분한 숫자들인 것이다.

즉 전 세계 인구를 적그리스도가 통치하기 위하여서이다.

I. 베리칩이 666인 성경적인 근거

(i) 베리칩은 우리의 몸 특히 이마나 손에 들어간다.

베리칩이 우리의 몸 안에 이식이 되어진다. 그것도 다시 빼내어
서 충전할 필요가 없는 이마나 손에 넣으면 바깥 온도변화로 평
생 충전이 되는 기능을 가지고 있다. 이러한 연구를 하는 데만 많
은 돈이 투자되었다. 그리하여 신체의 온도변화가 가장 심한 이
마나 손에 받게 하는 것이다. 그런데 이것이 정확히 계시록에서
말하는 666을 이마나 손에 받는 것과 일치하고 있는 것이다. 이
것이 우연의 일치라고 보기는 전혀 힘들다.

[계 13:16]
저가 모든 자 곧 작은 자나 큰 자나 부자나 빈궁한 자나 자유한 자나 종

들로 그 오른손에나 이마에 표를 받게 하고

(ii) 베리칩에는 매매기능이 있다.

쌀알 두 배 크기 만한 베리칩에는 매매기능이 있어서 물건을 슈퍼마켓에 가서 사고 컴퓨터를 지나게 되면 자동으로 계산이 되는 기능이 들어 있다. 앞으로 지폐나 동전이 없어지고 이 베리칩으로 물건을 사고 팔게 될 것이다. 그렇게 되면 이제 크레딧카드도 필요 없게 된다.

[계 13:17]
누구든지 이 표를 가진 자 외에는 매매를 못하게 하니 이 표는 곧 짐승의 이름이나 그 이름의 수라

(iii) 베리칩이 컴퓨터 시스템으로 인하여 통제된다.
　　컴퓨터가 **666**으로 나온다.

베리칩은 RFID 이다. 즉 Radio frequency id 이다. 즉 컴퓨터로 그 시그날을 알아내는 것이다.
이 컴퓨터가 영어로 computer 인데 알파벳을 6의 배수로 계산하여
a.....6, b.....12, c.....18, ..., e......30, m.....78, o.....90, p....96, u.....126, t....120, r....108, ...
18+90+78+96+126+120+30+108 = 666
더하면 정확히 computer 가 666 이 나온다.

또 computer barcode 가 십진법으로 바꾸면 처음 진한 기둥, 중간
에 진한 기둥, 마지막에 진한 기둥이 다 십진법으로 보면 6,6,6 이
라는 숫자라는 것이다.

즉 바코드가 6이라는 세 숫자가 들어가야만 된다는 것이다.

또 하나는 벨기에에 있는 수퍼컴퓨터의 이름이 아이러니칼 하게
도 'The Beast' 이다.

이 수퍼컴퓨터는 이 지구의 모든 필요한 인구의 데이터를 넣을
수 있다 한다.

즉 베리칩을 받게 되면 이 모든 것이 컴퓨터가 이것의 정보를 알
아보는데 이 컴퓨터의 영어 이름이 6의 배수로 하여 다 더하면
666이 나오고 전세계의 모든 물품을 관리하는 바코드시스템이
또한 666이라는 것에 의하여 만들어지고 있고 또한 벨기에의 수
퍼컴퓨터의 이름이 짐승이다. 이 모든 것들이 우연이라고는 볼
수 없는 것 같다.

(iv) 베리칩에는 사람의 뇌를 조종하는 기능이 있다.

또한 이 칩에는 128개의 유전자 코드가 들어가게 되어 이것으로
사람을 마음대로 조종할 수 있는 시대가 온다. 즉 하나님을 배반
하고 결국 적그리스도를 숭배할 수 있도록 사람의 마음을 마음
대로 조종하게 될 것이다.

(v) 베리칩이 몸속에서 터지면 암이 유발된다.

베리칩 안에는 리튬 성분이 들어 있어서 이것이 몸 안에서 파괴되면 악성 종양 즉 암을 일으킨다. 동물들에게서 이미 이러한 종양들이 발생한 것이 보고 되고 있다.

[계 16:1-2]
(1)또 내가 들으니 성전에서 큰 음성이 나서 일곱 천사에게 말하되 너희는 가서 하나님의 진노의 일곱 대접을 땅에 쏟으라 하더라 (2)첫째가 가서 그 대접을 땅에 쏟으매 악하고 독한 헌데가 짐승의 표를 받은 사람들과 그 우상에게 경배하는 자들에게 나더라

그러므로 하나님께서는 하늘에서 첫 번째 대접이 쏟아지면 그 칩이 몸속에서 부서지게 하여 악하고 독한 헌데가 짐승의 표를 받은 자들에게 나게 할 것이다.

II. 천상에서 주님은 베리칩이 666임을 밝혀 주시다.

(i) 주님이 직접 나에게 베리칩이 666인 것을 말씀하시다.

(천국과 지옥 간증수기 1권, 25. 주님이 베리칩에 대하여 말씀하시다 참조)

주님은 천상에서 직접 나에게 베리칩이 666이라고 말씀하여 주셨다.

그리고 베리칩을 받는 순간 그 사람의 주인이 바뀌어져서 하나님이 주인이 아니라 기계가 주인이 되면서 성령님이 떠나신다고 말씀하여 주신 것이다.

성령님이 떠나신다는 것은 받았던 구원도 다 잃어버린다는 말이다. 그러시면서 사람들로 하여금 받게 하지 말라고 부탁하셨다.

그러므로 베리칩을 받는 자에게는 다음의 성경구절이 임하게 될 것이다.

[계 14:9-11]

(9)또 다른 천사 곧 세째가 그 뒤를 따라 큰 음성으로 가로되 만일 누구든지 짐승과 그의 우상에게 경배하고 이마에나 손에 표를 받으면 (10)그도 하나님의 진노의 포도주를 마시리니 그 진노의 잔에 섞인 것이 없이 부은 포도주라 거룩한 천사들 앞과 어린 양 앞에서 불과 유황으로 고난을 받으리니 (11)그 고난의 연기가 세세토록 올라가리로다 짐승과 그의 우상에게 경배하고 그 이름의 표를 받는 자는 누구든지 밤낮 쉼을 얻지 못하리라 하더라

베리칩에 대하여 더 자세히 알고 싶으면 다음 websites 를 참고하면 된다.

http://blog.naver.com/PostView.nhn?blogId=sostv114&logNo=140160083793

http://www.ridingthebeast.com/articles/verichip-implant/

(ii) 루시퍼와의 대화를 통하여 알게 하심

(천국지옥 간증수기 제 1권, 31. 루시퍼를 만나서 대화하다 참조)

두 번째로 주님은 루시퍼와의 대화에서 그것을 또 알게 하셨다.
내가 루시퍼에게 물었다.
"너 베리칩 알지?"
그러자 루시퍼가 말했다.
"그 베리칩으로 전 세계가 내 손아귀에 들어오지 하하하하."
이것은 단적으로 적그리스도가 이 666표를 전세계 인구에 강제적으로 받게 하여 전세계를 통치하고자 하는 것을 말하고 있는 것이다.

(iii) 세 번째로 주님은 천국에서 토마스 주남을 만나게 하여 베리칩이 666임을 다시 알게 하여 주시다.

(천국과 지옥 간증수기 제 2권, 71. 천국에서 토마스 주남을 만나다. 그녀는 내게 베리칩이 666이라는 것을 믿으라 말한다. 72. 토마스 주남은 베리칩이 666이라는 것을 주님이 가르쳐 주셔서 알게 되었다고 말한다. 74. 주님은 토마스 주남을 통하여 베리칩이 666이라는 것을 에스겔서를 가지고 사람들에게 경고하라고 말씀하신다. 참조)

천국에서 토마스 주남은 나를 보자마자 베리칩이 666이라는 것

을 믿으라 하였고 내가 그에게 어떻게 베리칩이 666인 것을 알게
되었냐고 물었을 때에 그녀는 주님이 가르쳐 주셔서 알게 되었
다고 하였다. 나도 주님이 가르쳐 주셔서 알게 된 것이다.

그리고 토마스 주남은 나에게 아직 베리칩이 666인 것을 모르는
자들에게 그것이 666인 것을 경고하여 받게 하지 말라고 당부하
였다. 그것도 성경구절을 내게 주면서 말이다. 알면서도 전하지
아니하면 그 피를 내 손에서 찾으시겠다고 하는 성경구절이다.
할렐루야.

[겔 33:7-9]
(7)인자야 내가 너로 이스라엘 족속의 파숫군을 삼음이 이와 같으니라
그런즉 너는 내 입의 말을 듣고 나를 대신하여 그들에게 경고할지어다
(8)가령 내가 악인에게 이르기를 악인아 너는 정녕 죽으리라 하였다 하
자 네가 그 악인에게 말로 경고하여 그 길에서 떠나게 아니하면 그 악
인은 자기 죄악 중에서 죽으려니와 내가 그 피를 네 손에서 찾으리라
(9)그러나 너는 악인에게 경고하여 돌이켜 그 길에서 떠나라고 하되 그
가 돌이켜 그 길에서 떠나지 아니하면 그는 자기 죄악 중에서 죽으려니
와 너는 네 생명을 보전하리라

(iv) 주님께서 베리칩이 666이라고 직접 써 주시다.
(천국과 지옥 간증수기 제 2권, 76. 천국에서 주님이 베리칩이 666
이라고 써 주시다 참조)
주님은 나와 토마스 주남이 같이 있는 장소에서 그곳은 주님과
내가 늘 가는 정원에 있는 벤치였는데 거기서 주님은 이렇게 나

에게 직접 써 주셨다.

갑자기 종이와 펜은 주님의 손에 들려 있더니

주님께서 이렇게 쓰시는 것이었다.

"이제도 있고 전에도 있었고 장차 올 자가 말하노라. 베리칩은 666이니라."

나는 그것을 받아서 내려왔다.

할렐루야. 나는 더 이상 베리칩이 666인 것을 의심하지 아니한다.

다만 이제부터는 베리칩이 666인 것을 열심히 외쳐서 사람들로 하여금 받게 하지 말아야 하는 의무가 나에게 생긴 것이다.

계시록 책이 나오기까지 약 14개월이 소요되었다.

참으로 많은 시간을 보냈다. 천국과 지옥을 보기 위하여서는 하루에 5-6시간의 기도를 하지 아니하면 영계가 깨끗하게 열리지도 않았다. 날마다 많은 회개와 씻음이 필요하였다.

날마다 그분의 보혈의 피로 깨끗하게 씻기지 아니하고서는 천국과 지옥이 보이지 않았다.

그러므로 14개월이란 참으로 많은 시간을 주님이 그분과 함께 보내게 하셨다.

이 한 책을 쓰기 위하여 말이다. 할렐루야.

그러나 주님은 내가 이 책을 다 쓸 무렵에 천상에서 선교지 한 군데를 보여주시면서 가라고 하셨다. 그래서 나는 거기를 갔다 왔고 또 그 다음에는 선교지 두 군데, 인도와 네팔을 더 여셨던 것이다.

나는 왜 주님께서 내가 그렇게 갈망하고 하고 싶었던 그 선교의 문을 이번 '계시록 책을' 거의 다 써 가니까 열어주시는지 그 이유를 잘 모른다. 그러나 확실한 것은 각 개인에 있어서 그 사람의 사역을 때마다 다르게 인도하신다는 것이다.

할렐루야.

그리고 계시록 책 이후에 지옥편과 하나님의 인이 출판되었다. 그러나 이 모든 책들의 제목은 즉 천국과 지옥 간증수기 1, 2, 3, 4, 5, 6, 7, 8 즉 8권의 책 제목은 다 '이제도 있고 전에도 있었고 장차 올 자 예수 그리스도' 라고 해야 한다고 하셨다.

나는 이제 주님께서 선교를 허락하셨으므로 다음 책들을 쓰면서 선교에 더욱 매진하게 될 것이다. 내 안에서 불타고 있는 소망은 주님 오시는 그 날까지 내 생명이 다하는 그 날까지 예수복음을 이 세상 끝까지 전하는 것이다. 그리하여 할 수 있는 한 많은 영혼들이 구원받아 지옥불을 면하게 하는 것이다.

그리고 우리는 동시에 마지막 때를 살고 있기 때문에 기존의 그리스도인들에게는 마지막 때를 알리고 그들이 주님오심에 대비할 수 있도록 준비시키는 일도 잘 감당하여 나가야 할 것이다.

하나님은 이번에 이 책을 쓰면서 나로 하여금 많이 울게 하셨다. 특별히 백보좌 심판에 설 수많은 예수 믿지 않은 영혼들을 생각하게 하시고 지옥 갈 인생들을 위하여 많이 울게 하신 것이다.

그러므로 우리는 마지막 순간까지 한 영혼이라도 구원받을 수 있도록 최선을 다하여야 한다.

지옥은 참으로 무서운 곳이다. 이곳은 예수를 안 믿어도 가지만 그러나 예수를 믿는 자들도 지옥에 가는 것을 주님은 내게 보여 주셨다. 그 상세한 내용들은 다음 지옥편에 나오게 될 것이다.

구원을 잃어버리는 경우에 대하여서도 이 책에 썼지만 다음의 세 가지 경우에는 명백히 예수를 믿었어도 그 구원을 잃어버리게 되는 경우들이다.

1. 한번 비췸을 받고 타락한 죄 (히 6:4-6)
2. 성령훼방 죄 (막 3:28-29)
3. 666표를 받는 경우 (계 14:9-11)
1번과 2번의 경우를 나는 지옥에서 많이 보았다.
그리고 3번의 경우는 우리에게 앞으로 닥칠 일인 것이다.

주여!

우리 주님은 곧 오실 것이다. 그것도 이 세상 구름이 아니라 하늘 구름 (the clouds of heaven) 즉 천국구름을 타고 오실 것이다.

그러므로 우리는 우리 앞에 얼마 남지 않은 시간 속에서 주님이 우리에게 말씀하신대로 속히 구원, 속히 성화, 속히 신부단장하기를 힘써야 할 것이다.

할렐루야.

LA에서 주님의 사랑교회

서사라 목사

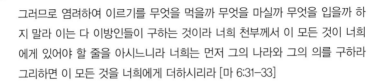

후 · 원 · 페 · 이 · 지

그러므로 염려하여 이르기를 무엇을 먹을까 무엇을 마실까 무엇을 입을까 하지 말라 이는 다 이방인들이 구하는 것이라 너희 천부께서 이 모든 것이 너희에게 있어야 할 줄을 아시느니라 너희는 먼저 그의 나라와 그의 의를 구하라 그리하면 이 모든 것을 너희에게 더하시리라 [마 6:31-33]

주라 그리하면 너희에게 줄 것이니 곧 후히 되어 누르고 흔들어 넘치도록 하여 너희에게 안겨 주리라 너희의 헤아리는 그 헤아림으로 너희도 헤아림을 도로 받을 것이니라 [눅 6:38]

천국과 지옥간증 수기 1권과 2권 그리고 이 요한계시록 이해 책을 각 나라말로, 영어, 일어, 스페니쉬, 중국어, 힌두어 등으로 펴내어 전세계적으로 복음의 도구가 되게 하려 합니다. 그리고 현재 주님의 사랑 세계선교센터가 건립되어져서 현재 인도, 네팔, 일본, 벨리제등 여러 나라에 성경책 공급과, 개척교회 목회자들에 대한 지원, 그리고 현재 기존교회 목회자들을 지원하는 문제, 또한 새로운 선교사 파송, 그리고 이미 타국에 존재하는 목회자들의 리더쉽 트레이닝 등 다양한 방법으로 세계의 많은 영혼들이 구원받을 수 있도록 하고 있습니다. 이러한 선교를 지속적으로 하며 더 넓혀 나가기 위하여 여러분들의 정성어린 물질적인 후원이 많이 필요합니다.

또한 천국과 지옥 간증 집회를 통하여서도 여러 나라의 많은 영혼들을 깨우며 또 그들이 회개하고 돌아올 수 있도록 하고 있습니다. 이것에 대하여도 여러분들의 많은 기도와 후원이 필요합니다.

이 책을 통하여 은혜를 받으신 만큼 하나님 나라 확장을 위하여 성령께서 인도하시는 대로 여러분의 정성어린 후원을 부탁드립니다.

※ 후원하신 모든 금액은 하나님 나라 확장과 영혼구원 사역에만 쓰여집니다.

후원계좌 :

    Paypal Account :
    lordslovechristianchurch@yahoo.com

은행구좌 (Bank account) :

    1. JPMorgan Chase Bank, N.A.
       예금주 : Lord's Love Christian Church
       구좌번호 (account number) : 860768576
       은행고유번호(routing number) : 322271627
       SWIFT/BIC Code : CHASUS33

    2. Citibank N.A.
       예금주 (Acc. Name) : Lord's Love Christian Church
       계좌번호 (Acc#) : 207190448
       은행고유번호 (ABA #) : 322271724
       SWIFT CODE : CITIUS33

    3. 한국, 신한은행
       예금주 : 주님의 사랑교회
       계좌번호 : 140-012-615297

※ 작은 금액은 한국 신한은행으로 해도 되지만 큰 금액은 반드시 미국
  은행(교회이름으로 되어 있어서 세금면제 혜택을 받습니다) 으로 보
  내주시면 감사하겠습니다.

미국연락처 :

    Tel: 213-305-0000
    E-mail: sarahseoh@ymail.com
    Home page: http://pastorsarah.org

주님이 하셨습니다.
　　　모든 영광을 주님께..

계시록 핵심

초판인쇄　　2019년 06월 27일
초판발행　　2019년 07월 03일

저　　　자　　서사라
펴　낸　이　　최성열
펴　낸　곳　　하늘빛출판사
연　락　처　　031-516-1009, 010-9932-8291
출판등록　　제251-2011-38호
이　메　일　　csr1173@hanmail.net
I S B N　　979-11-87175-07-0
가　　　격　　12,000원